KURSTHEMEN DEUTSCH

Erzählliteratur 1945 bis heute:

Über Wirklichkeitserfahrungen und Lebensgefühle Jugendlicher

Herausgegeben von
Dietrich Erlach und Bernd Schurf

Erarbeitet von
Alexander Joist und Deborah Mohr

Cornelsen

Inhalt

A Auseinandersetzung mit Vergangenheit und Gegenwart – Jugendliche in der Erzählliteratur von 1945 bis heute

1 Der Schatten der Vergangenheit – Auseinandersetzung mit Krieg und Holocaust 3
1.1 Über das Leben in Ruinen – Trümmerliteratur 4
Methodenbaustein: Figuren und ihre Beziehungen zueinander untersuchen 8
Information: Trümmerliteratur – die Kurzgeschichte als literarische Neuentdeckung 9
1.2 Antifaschismus und Zeitkritik – Vergangenheitsbewältigung in DDR und Bundesrepublik 10
Information: Vergangenheitsbewältigung in den 1950er- und 1960er-Jahren 10
Methodenbaustein: Raum- und Zeitgestaltung untersuchen 15
Methodenbaustein: Erzählstrategien untersuchen 17
1.3 Die nächste Generation – Väter-Literatur 18
2 Leben in der DDR – vom sozialistischen Realismus bis zur Gegenwartsliteratur 23
Information: Leben in der DDR 24
2.1 DDR-Schriftsteller zwischen verordneter Kulturpolitik und Auflehnung 25
Information: Literatur und literarisches Leben in der DDR 25
2.2 Rückblicke auf die Schulzeit in der DDR – Literatur der Gegenwart 31
Methodenbaustein: Gestaltendes Interpretieren 36
3 Überwindung der deutschen Teilung – Literatur der Jahrtausendwende 37
3.1 „Endlosschleife" – Die Mauer hat Narben hinterlassen 37
3.2 Lebensgefühl in der Nachwendezeit – Identitäten, Brüche 38

B Wirklichkeitserfahrungen und Lebensgefühle Jugendlicher

1 Zwischen Sinnsuche und Orientierungslosigkeit 42
1.1 Suche nach Lebensperspektiven – Texte aus verschiedenen historischen Kontexten vergleichen 44
Methodenbaustein: Sprache untersuchen 47
1.2 Jugendliche in Beziehungen – Erzählstrategien der Gegenwartsprosa untersuchen 48
Information: Merkmale gegenwärtiger Kurzprosa 50
2 Generationskonflikte 62
2.1 Von Eltern und Kindern – Texte aus verschiedenen historischen Kontexten vergleichen 45
Methodenbaustein: Standbilder als Mittel des szenischen Interpretierens 71
2.2 Auf der Suche nach der eigenen Identität – Zentrale Symbole erschließen 75
3 Leben in zwei Welten 79
3.1 Fremde Sprache, fremde Welt – Autobiografische Texte vergleichen 79
3.2 Fremd geblieben? – Literarische und pragmatische Texte untersuchen 85

C Neue Formen des Erzählens – Postmoderne und Popliteratur

1 „Agnes ist tot. Eine Geschichte hat sie getötet." – Postmodernes Erzählen 91
Information: Postmoderne Literatur 91
2 „Remix" – Popliteratur 99
3 Projektvorschlag: Ein Popliteratur-Buch verfassen 102

A Auseinandersetzung mit Vergangenheit und Gegenwart – Jugendliche in der Erzählliteratur von 1945 bis heute

1 Der Schatten der Vergangenheit – Auseinandersetzung mit Krieg und Holocaust

Fahnenaufmarsch der Hitlerjugend auf dem Reichsparteitag 1938

Jugendliche Insassen im KZ Dachau unmittelbar vor der Befreiung durch die US-Armee (April 1945)

Kinder spielen in den Trümmern einer zerbombten Stadt (um 1946)

Arbeitsanregungen

1. a) Beschreiben Sie die Fotos.
   b) Erläutern Sie, in welchen Situationen sich die abgebildeten Kinder und Jugendlichen jeweils befinden. Recherchieren Sie ggf. zu den in den Bildunterschriften genannten Begriffen.
2. a) Stellen Sie Vermutungen an, wie sich die Kinder und Jugendlichen in den jeweiligen Situationen fühlen.
   b) Stellen Sie sich vor, die auf den Fotos abgebildeten Kinder und Jugendlichen würden in späteren Jahren auf ihr Leben zurückschauen. Tauschen Sie sich mit den anderen Teilnehmern Ihres Kurses darüber aus, wie die jetzt Erwachsenen das Erfahrene wohl rückblickend bewerten und in welcher Weise sie darüber sprechen würden.

1.1 Über das Leben in Ruinen – Trümmerliteratur

Luise Rinser

Die rote Katze (1948)

Illustration auf dem Cover von Luise Rinsers Erzählband „Die rote Katze", 1981

Ich muss immer an diesen roten Teufel von einer Katze denken, und ich weiß nicht, ob das richtig war, was ich getan hab. Es hat damit angefangen, dass ich auf dem Steinhaufen neben dem Bombentrichter in unserm Garten saß. Der Steinhaufen ist die größere Hälfte von unserm Haus. Die kleinere steht noch, und da wohnen wir, ich und die Mutter und Peter und Leni, das sind meine kleinen Geschwister. Also, ich sitz da auf den Steinen, da wächst überall schon Gras und Brennnesseln und anderes Grünes. Ich halt ein Stück Brot in der Hand, das ist schon hart, aber meine Mutter sagt, altes Brot ist gesünder als frisches. In Wirklichkeit ist es deswegen, weil sie meint, am alten Brot muss man länger kauen und dann wird man von weniger satt. Bei mir stimmt das nicht. Plötzlich fällt mir ein Brocken herunter. Ich bück mich, aber im nämlichen Augenblick fährt eine rote Pfote aus den Brennnesseln und angelt sich das Brot. Ich hab nur dumm schauen können, so schnell ist es gegangen. Und da seh ich, dass in den Brennnesseln eine Katze hockt, rot wie ein Fuchs und ganz mager. „Verdammtes Biest", sag ich und werf einen Stein nach ihr. Ich hab sie gar nicht treffen wollen, nur verscheuchen. Aber ich muss sie doch getroffen haben, denn sie hat geschrien, nur ein einziges Mal, aber so wie ein Kind. Fortgelaufen ist sie nicht. Da hat es mir leidgetan, dass ich nach ihr geworfen hab, und ich hab sie gelockt. Aber sie ist nicht aus den Nesseln rausgegangen. Sie hat ganz schnell geatmet. Ich hab gesehen, wie ihr rotes Fell über dem Bauch auf und ab gegangen ist. Sie hat mich immerfort angeschaut mit ihren grünen Augen. Da hab ich sie gefragt: „Was willst du eigentlich?" Das war verrückt, denn sie ist doch kein Mensch, mit dem man reden kann. Dann bin ich ärgerlich geworden über sie und auch über mich, und ich hab einfach nicht mehr hingeschaut und hab ganz schnell mein Brot hinuntergewürgt. Den letzten Bissen, das war noch ein großes Stück, den hab ich ihr hingeworfen und bin ganz zornig fortgegangen.

Im Vorgarten, da waren Peter und Leni und haben Bohnen geschnitten. Sie haben sich die grünen Bohnen in den Mund gestopft, dass es nur so geknirscht hat, und Leni hat ganz leise gefragt, ob ich nicht noch ein Stückchen Brot hab. „Na", hab ich gesagt, „du hast doch genauso ein großes Stück bekommen wie ich und du bist erst neun und ich bin dreizehn. Größere brauchen mehr." – „Ja", hat sie gesagt, sonst nichts. Da hat Peter gesagt: „Weil sie ihr Brot doch der Katze gegeben hat." – „Was für einer Katze?", hab ich gefragt. „Ach", sagt Leni „da ist so eine Katze gekommen, eine rote, wie so ein kleiner Fuchs und so schrecklich mager. Die hat mich immer angeschaut, wie ich mein Brot hab essen wollen." – „Dummkopf", hab ich ärgerlich gesagt, „wo wir doch

Arbeitsanregung

1. a) Lesen Sie nur den ersten Absatz der Kurzgeschichte (Z. 1–46). Inwiefern sind in ihm Vorausdeutungen auf den weiteren Verlauf der Handlung enthalten?
   b) Stellen Sie Vermutungen zum Fortgang der Geschichte an.
   c) Lesen Sie den ganzen Text und vergleichen Sie Ihre Vermutungen mit dem Inhalt der Geschichte. Benennen Sie ggf. überraschende Textstellen.

selber nichts zu essen haben." Aber sie hat nur mit den Achseln gezuckt und ganz schnell zu Peter hingeschaut, der hat einen roten Kopf gehabt, und ich bin sicher, er hat sein Brot auch der Katze gegeben. Da bin ich wirklich ärgerlich gewesen und hab ganz schnell weggehen müssen.

Wie ich auf die Hauptstraße komm, steht da ein amerikanisches Auto, so ein großer, langer Wagen, ein Buick, glaub ich, und da fragt mich der Fahrer nach dem Rathaus. Auf Englisch hat er gefragt, und ich kann doch ein bisschen Englisch. „The next street", hab ich gesagt, „and then left and then" – geradeaus hab ich nicht gewusst auf Englisch, das hab ich mit dem Arm gezeigt, und er hat mich schon verstanden. – „And behind the Church is the marketplace with the Rathaus." Ich glaub, das war ein ganz gutes Amerikanisch, und die Frau im Auto hat mir ein paar Schnitten Weißbrot gegeben, ganz weißes, und wie ich's aufklapp, ist Wurst dazwischen, ganz dick. Da bin ich gleich heimgerannt mit dem Brot. Wie ich in die Küche komm, da verstecken die zwei Kleinen schnell was unterm Sofa, aber ich hab es doch gesehen. Es ist die rote Katze gewesen. Und auf dem Boden war ein bisschen Milch verschüttet, und da hab ich alles gewusst. „Ihr seid wohl verrückt", hab ich geschrien, „wo wir doch nur einen halben Liter Magermilch haben im Tag, für vier Personen." Und ich hab die Katze unterm Sofa herausgezogen und hab sie zum Fenster hinausgeworfen. Die beiden Kleinen haben kein Wort gesagt. Dann hab ich das amerikanische Weißbrot in vier Teile geschnitten und den Teil für die Mutter im Küchenschrank versteckt.

„Woher hast du das?", haben sie gefragt und ganz ängstlich geschaut. „Gestohlen", hab ich gesagt und bin hinausgegangen. Ich hab nur schnell nachsehn wollen, ob auf der Straße keine Kohlen liegen, weil nämlich ein Kohlenauto vorbeigefahren war, und die verlieren manchmal was. Da sitzt im Vorgarten die rote Katze und schaut so an mir rauf. „Geh weg", hab ich gesagt und mit dem Fuß nach ihr gestoßen. Aber sie ist nicht weggegangen. Sie hat bloß ihr kleines Maul aufgemacht und gesagt: „Miau." Sie hat nicht geschrien wie andere Katzen, sie hat es einfach so gesagt, ich kann das nicht erklären. Dabei hat sie mich ganz starr angeschaut mit den grünen Augen. Da hab ich ihr voll Zorn einen Brocken von dem amerikanischen Weißbrot hingeworfen. Nachher hat's mich gereut.

Wie ich auf die Straße komm, da sind schon zwei andere da, Größere, die haben die Kohlen aufgehoben. Da bin ich einfach vorbeigegangen. Sie haben einen ganzen Eimer voll gehabt. Ich hab schnell hineingespuckt. Wär das mit der Katze nicht gewesen, hätte ich sie alle allein gekriegt. Und wir hätten ein ganzes Abendessen damit kochen können. Es waren so schöne, glänzende Dinger. Nachher hab ich dafür einen Wagen mit Frühkartoffeln getroffen, da bin ich ein bisschen drangestoßen, und da sind ein paar runtergekollert und noch ein paar. Ich hab sie in die Taschen gesteckt und in die Mütze. Wie der Fuhrmann umgeschaut hat, hab ich gesagt: „Sie verlieren Ihre Kartoffeln." Dann bin ich schnell heimgegangen. Die Mutter war allein daheim, und auf ihrem Schoß, da war die rote Katze. „Himmeldonnerwetter", hab ich gesagt, „ist das Biest schon wieder da?" – „Red doch nicht so grob", hat die Mutter gesagt, „das ist eine herrenlose Katze, und wer weiß, wie lange sie nichts mehr gefressen hat. Schau nur, wie mager sie ist." – „Wir sind auch mager", hab ich gesagt. „Ich hab ihr ein bisschen was von meinem Brot gegeben", hat sie gesagt und mich schief angeschaut. Ich hab an unsere Brote gedacht und an die Milch und an das Weißbrot, aber gesagt hab ich nichts. Dann haben wir die Kartoffeln gekocht, und die Mutter war froh. Aber woher ich sie hab, hat sie nicht gefragt. Meinetwegen hätte sie schon fragen können. Nachher hat die Mutter ihren Kaffee schwarz getrunken, und sie haben alle zugeschaut, wie das rote Biest die Milch ausgesoffen hat. Dann ist sie endlich durchs Fenster hinausgesprungen. Ich hab schnell zugemacht und richtig aufgeatmet. Am Morgen, um sechs, hab ich mich für Gemüse angestellt. Wie ich um acht Uhr heimkomm, sitzen die Kleinen beim Frühstück, und auf dem Stuhl dazwischen hockt das Vieh und frisst eingeweichtes Brot aus Lenis Untertasse. Nach ein paar Minuten kommt die Mutter zurück, die ist seit halb sechs beim Metzger angestanden. Die Katze springt gleich zu ihr hin, und wie die Mutter denkt, ich geb nicht acht, lässt sie ein Stück Wurst fallen. Es war zwar markenfreie Wurst, so graues Zeug, aber wir hätten sie uns auch gern aufs Brot gestrichen, das hätte Mutter doch wissen müssen. Ich verschluck meinen Zorn, nehm die

Mütze und geh. Ich hab das alte Rad aus dem Keller geholt und bin vor die Stadt gefahren. Da ist ein Teich, in dem gibts Fische. Ich hab keine Angel, nur so einen Stecken mit zwei spitzen Nägeln drin, mit dem stech ich nach den Fischen. Ich hab schon oft Glück gehabt und diesmal auch. Es ist noch nicht zehn Uhr, da hab ich zwei ganz nette Dinger, genug für ein Mittagessen. Ich fahr heim, so schnell ich kann, und daheim leg ich die Fische auf den Küchentisch. Ich geh nur rasch in den Keller und sags der Mutter, die hat Waschtag. Sie kommt auch gleich mit herauf. Aber da ist nur mehr ein Fisch da, und ausgerechnet der kleinere. Und auf dem Fensterbrett, da sitzt der rote Teufel und frisst den letzten Bissen. Da krieg ich aber die Wut und werf ein Stück Holz nach ihr, und ich treff sie auch. Sie kollert vom Fensterbrett, und ich hör sie wie einen Sack im Garten aufplumpsen. „So“, sag ich, „die hat genug.“ Aber da krieg ich von der Mutter eine Ohrfeige, dass es nur so klatscht. Ich bin dreizehn und hab sicher seit fünf Jahren keine mehr gekriegt. „Tierquäler“, schreit die Mutter und ist ganz blass vor Zorn über mich. Ich hab nichts anderes tun können als fortgehen. Mittags hat es dann doch Fischsalat gegeben mit mehr Kartoffeln als Fisch. Jedenfalls sind wir das rote Biest losgeworden. Aber glaub ja keiner, dass das besser gewesen ist. Die Kleinen sind durch die Gärten gelaufen und haben immer nach der Katze gerufen, und die Mutter hat jeden Abend ein Schälchen mit Milch vor die Tür gestellt, und sie hat mich vorwurfsvoll angeschaut. Und da hab ich selber angefangen, in allen Winkeln nach dem Vieh zu suchen, es hätte ja irgendwo krank oder tot liegen können. Aber nach drei Tagen war die Katze wieder da. Sie hat gehinkt und hat eine Wunde am Bein gehabt, am rechten Vorderbein, das war von meinem Scheit. Die Mutter hat sie verbunden, und sie hat ihr auch was zu fressen gegeben. Von da an ist sie jeden Tag gekommen. Es hat keine Mahlzeit gegeben ohne das rote Vieh, und keiner von uns hat irgendwas vor ihm verheimlichen können. Kaum hat man was gegessen, so ist sie schon dagesessen und hat einen angestarrt. Und alle haben wir ihr gegeben, was sie hat haben wollen, ich auch. Obwohl ich wütend war. Sie ist immer fetter geworden, und eigentlich war es eine schöne Katze, glaub ich. Und dann ist der Winter sechsundvierzig auf siebenundvierzig

Nur gültig im Bereich des Ernährungsamtes der Stadt München
95. V.P. 11.11. - 8.12.46 | KV
Berechtigungsschein
zum Bezug von
Fleisch
(Höchstmenge 500 g)
für Krankenversorgung
Lose Abschnitte sind ungültig
Dienststempel
Ernährungsamt der Stadt München
Abteilung B

50 g KV Fleisch - 95 - EA. Stadt München	50 g KV Fleisch - 95 - EA. Stadt München
50 g KV Fleisch - 95 - EA. Stadt München	50 g KV Fleisch - 95 - EA. Stadt München
50 g KV Fleisch - 95 - EA. Stadt München	50 g KV Fleisch - 95 - EA. Stadt München
100 g KV Fleisch - 95 - EA. Stadt München	100 g KV Fleisch - 95 - EA. Stadt München

Lebensmittelmarken (1946)

gekommen. Da haben wir wirklich kaum mehr was zu essen gehabt. Es hat ein paar Wochen lang kein Gramm Fleisch gegeben und nur gefrorene Kartoffeln, und die Kleider haben nur so geschlottert an uns. Und einmal hat Leni ein Stück Brot gestohlen beim Bäcker vor Hunger. Aber das weiß nur ich. Und Anfang Februar, da hab ich zur Mutter gesagt: „Jetzt schlachten wir das Vieh.“ – „Was für ein Vieh?“, hat sie gefragt und hat mich scharf angeschaut. „Die Katze halt“, hab ich gesagt und hab gleichgültig getan, aber ich hab schon gewusst, was kommt. Sie sind alle über mich hergefallen. „Was? Unsere Katze? Schämst du dich nicht?“ – „Nein“, hab ich gesagt, „ich schäm mich nicht. Wir haben sie von unserm Essen gemästet, und sie ist fett wie ein Spanferkel, jung ist sie auch noch, also?“ Aber Leni hat angefangen zu heulen, und Peter hat mir unterm Tisch einen Fußtritt gegeben, und Mutter hat traurig gesagt: „Dass du so ein böses Herz hast, hab ich nicht geglaubt.“ Die Katze ist auf dem Herd gesessen und hat geschlafen. Sie war wirklich ganz rund und sie war so faul, dass sie kaum mehr aus dem Haus zu jagen war. Wie es dann im April keine Kartoffeln mehr gegeben hat, da haben wir nicht mehr gewusst, was wir essen sollen. Eines Tages, ich war schon ganz verrückt, da hab ich sie mir vorgenommen und hab gesagt: „Also hör mal, wir haben nichts mehr, siehst du das nicht ein?“ Und ich hab ihr die leere Kartoffelkiste gezeigt und den leeren Brotkasten. „Geh fort“, hab ich ihr gesagt, „du siehst ja, wie's bei uns ist.“ Aber sie hat nur geblinzelt und sich auf dem Herd herumgedreht. Da hab ich vor Zorn geheult und auf den Küchentisch geschlagen. Aber sie hat sich nicht darum gekümmert. Da hab ich sie gepackt und untern

Arm genommen. Es war schon ein bisschen dunkel draußen, und die Kleinen waren mit der Mutter fort, Kohlen am Bahndamm zusammensuchen. Das rote Vieh war so faul, dass es sich einfach forttragen hat lassen. Ich bin an den Fluss gegangen. Auf einmal ist mir ein Mann begegnet, der hat gefragt, ob ich die Katze verkauf. „Ja“, hab ich gesagt und hab mich schon gefreut. Aber er hat nur gelacht und ist weitergegangen. Und dann war ich auf einmal am Fluss. Da war Treibeis und Nebel und kalt war es. Da hat sich die Katze ganz nah an mich gekuschelt, und dann hab ich sie gestreichelt und mit ihr geredet. „Ich kann das nicht mehr sehen“, hab ich ihr gesagt, „es geht nicht, dass meine Geschwister hungern, und du bist fett, ich kann das einfach nicht mehr mit ansehen.“ Und auf einmal hab ich ganz laut geschrien, und dann hab ich das rote Vieh an den Hinterläufen genommen und habs an einen Baumstamm geschlagen. Aber sie hat bloß geschrien. Tot war sie noch lange nicht. Da hab ich sie an eine Eisscholle gehaut, aber davon hat sie nur ein Loch im Kopf bekommen, und da ist das Blut herausgeflossen, und überall im Schnee waren dunkle Flecken. Sie hat geschrien wie ein Kind. Ich hätt gern aufgehört, aber jetzt hab ich's schon fertig tun müssen. Ich hab sie immer wieder an die Eisscholle geschlagen, es hat gekracht, ich weiß nicht, ob es ihre Knochen waren oder das Eis, und sie war immer noch nicht tot. Eine Katze hat sieben Leben, sagen die Leute, aber die hat mehr gehabt. Bei jedem Schlag hat sie laut geschrien, und auf einmal hab ich auch geschrien, und ich war ganz nass vor Schweiß bei aller Kälte. Aber einmal war sie dann doch tot. Da hab ich sie in den Fluss geworfen und hab mir meine Hände im Schnee gewaschen, und wie ich noch einmal nach dem Vieh schau, da schwimmt es schon weit draußen mitten unter den Eisschollen, dann war es im Nebel verschwunden. Dann hat mich gefroren, aber ich hab noch nicht heimgehen mögen. Ich bin noch in der Stadt herumgelaufen, aber dann bin ich doch heimgegangen. „Was hast du denn?“, hat die Mutter gefragt, „du bist ja käsweiß. Und was ist das für Blut an deiner Jacke?“ – „Ich hab Nasenbluten gehabt“, hab ich gesagt. Sie hat mich nicht angeschaut und ist an den Herd gegangen und hat mir Pfefferminztee gemacht. Auf einmal ist mir schlecht geworden, da hab ich schnell hinausgehen müssen, dann bin ich gleich ins Bett gegangen. Später ist die Mutter gekommen und hat ganz ruhig gesagt: „Ich versteh dich schon. Denk nimmer dran.“ Aber nachher hab ich Peter und Leni die halbe Nacht unterm Kissen heulen hören. Und jetzt weiß ich nicht, ob es richtig war, dass ich das rote Biest umgebracht hab. Eigentlich frisst so ein Tier doch gar nicht viel.

Kinder stehen vor einer Schule zur Essensausgabe an (Februar 1946)

Methodenbaustein Figuren und ihre Beziehungen zueinander untersuchen

Als **Figuren** bezeichnet man fiktive Personen in literarischen Texten. Je nach der Art und Weise, wie eine Figur in einem Erzähltext präsentiert wird, unterscheidet man zwei **Formen der Charakterisierung**:

- **direkte Charakterisierung:**
  - durch den Erzähler, der die Figur vorstellt, ihr Verhalten bewertet, ihre Beziehung zu anderen Figuren erläutert, ihre intellektuellen Fähigkeiten und ihre emotionalen Kräfte einschätzt
  - durch andere Figuren, die über die zu charakterisierende Figur sprechen, sie loben, kritisieren, mit anderen vergleichen oder aber sie ignorieren
  - durch Selbstäußerungen der Figur – in Worten oder durch Gedankenwiedergabe
- **indirekte Charakterisierung:**
  - durch das Verhalten und Handeln der Figur
  - durch ihr Äußeres (Kleidung, Frisur, Gesamteindruck u.a.)
  - durch sprechende Namen

Je nach Anlage und Entwicklung der Figuren lassen sich außerdem verschiedene **Figurenkonzeptionen** unterscheiden:

- **statisch oder dynamisch:** Die Figur bleibt sich gleich oder ändert sich.
- **Charakter oder Typ:** individuell ausgearbeitete oder auf wenige Züge reduzierte Figuren
- **abstrakt oder psychologisch:** Die Figur verkörpert eine Idee oder sie ist psychologisch ausgearbeitet.

Als **Figurenkonstellation** bezeichnet man das Verhältnis der Figuren zueinander. Dies kann von Faktoren wie soziale Stellung, Geschlecht, Generationszugehörigkeit, Wertorientierung, aber auch von gemeinsamen oder trennenden Interessen, Zielen und Gefühlen geprägt sein.
Um sich die Figurenkonstellation eines literarischen Textes bewusst zu machen, ist es oft sinnvoll, sie sich mit Hilfe einer **Grafik** zu veranschaulichen. Die Beziehungen der Figuren untereinander können dabei auf unterschiedliche Weise ausgedrückt werden:

- **räumliche Nähe oder Ferne:** Figuren, die in der Grafik nahe beieinanderstehen, haben eine gute Beziehung zueinander; das Verhältnis weiter entfernter Figuren ist eher problematisch.
- **Pfeile, erläuternde Kommentare:** Die Art der Beziehung kann durch verschiedenfarbige Pfeile und zusätzliche Angaben wie „Freundschaft“, „Vater und Sohn“, „hilft ihr“ oder „mag ihn nicht“ charakterisiert werden.

Arbeitsanregungen

1. Im Mittelpunkt der Kurzgeschichte „Die rote Katze“ steht die in der Ich-Form auftretende Erzählerfigur, von der man zwar das Alter („[...] ich bin dreizehn“, Z. 54) erfährt, nicht aber das Geschlecht.
   a) Überlegen Sie, was Luise Rinser dazu bewogen haben könnte, eine geschlechtliche Festlegung der Erzählerfigur zu vermeiden.
   b) Untersuchen Sie die Form der Charakterisierung des Ich-Erzählers/der Ich-Erzählerin und erläutern Sie deren Wirkung (▶ Methodenbaustein).
   c) Wie würden Sie den Ich-Erzähler/die Ich-Erzählerin beschreiben? Nennen Sie treffende Charaktereigenschaften. Berücksichtigen Sie dabei auch sein/ihr Alter.
2. Untersuchen Sie die Figurenkonstellation in der Kurzgeschichte. Erstellen Sie zu diesem Zweck eine Grafik, die die Beziehungen des Ich-Erzählers/der Ich-Erzählerin zu den anderen Familienmitgliedern beschreibt (▶ Methodenbaustein). Überlegen Sie, ob Sie die rote Katze darin auch als „Familienmitglied“ aufnehmen sollten.

3. a) Analysieren Sie die Entwicklung des Verhältnisses des Ich-Erzählers/der Ich-Erzählerin zur roten Katze. Berücksichtigen Sie dabei auch
   - die Metaphern und Vergleiche, die er/sie für die Katze verwendet, sowie
   - die symbolische Bedeutung der Farben „Rot" und „Grün".

   Stellen Sie Ihre Arbeitsergebnisse in einer Tabelle dar, die wie folgt beginnen könnte:

Verhältnis der Erzählerfigur zur Katze	**Metaphern, Vergleiche, Symbole**	**Wirkung**
– will die magere Katze mit einem Stein verscheuchen	„rot wie ein Fuchs (Z. 24 f.)"	signalisiert Gefahr? Farbe des Teufels (vgl. Z. 1)
…	…	…

   b) Kennzeichnen Sie in der Tabelle den Wendepunkt der Geschichte. Wann tritt im Verhältnis des Ich-Erzählers/der Ich-Erzählerin zur Katze eine entscheidende Veränderung ein?
   c) Vergleichen Sie die Darstellung der Katze durch die Erzählerfigur mit dem Bild, das auf dem Buchdeckel des Erzählbandes „Die rote Katze" abgedruckt ist (▶ S. 4). Beurteilen Sie, ob die Abbildung dem Bild des Ich-Erzählers/der Ich-Erzählerin entspricht.
   d) Erläutern Sie die Entscheidung des Ich-Erzählers/der Ich-Erzählerin, die Katze zu töten. Was sagt dies über die Erzählerfigur aus?
4. a) Weisen Sie in dem Text von Luise Rinser Merkmale der Gattung Kurzgeschichte nach (▶ Information).
   b) Diskutieren Sie mit den anderen Teilnehmern Ihres Kurses, inwiefern diese Kurzgeschichte der so genannten „Trümmerliteratur" zuzuordnen ist (▶ Information).

Information — Trümmerliteratur – die Kurzgeschichte als literarische Neuentdeckung

Das Ende des Zweiten Weltkriegs markierte einen tiefen Einschnitt in der deutschen Geschichte. Das in Trümmern liegende, in Besatzungszonen aufgeteilte Deutschland stand vor der Aufgabe, in Auseinandersetzung mit der Schuld an Krieg und Völkermord einen politischen, gesellschaftlichen und kulturellen **Neuanfang** zu finden.
Für die Literatur der Nachkriegsjahre bürgerte sich bald der Begriff **„Trümmerliteratur"** oder **„Kahlschlagliteratur"** ein. Nicht nur die Städte waren in Schutt und Asche gelegt, sondern durch die Nazi- und Kriegszeit waren auch die herkömmlichen Werte und Ideale zerstört.
Autoren wie Wolfgang Borchert (1921–1947) und Heinrich Böll (1917–1985) schildern in vielen ihrer Arbeiten diese neue Realität ungeschminkt. Sie misstrauten, abgeschreckt durch den dröhnend-pompösen Jargon der Nazipropaganda, jedem sprachlichen Pathos und rhetorischen Schmuck.
Als besonders geeignet für den literarischen Neubeginn erwies sich die Form der **Kurzgeschichte** nach dem amerikanischen Vorbild der **Short Story**. Von geringem Umfang und in Zeitungen abgedruckt, liegt ihr Vorteil darin, ohne den Umweg über Verlage ein großes Publikum zu erreichen.

Typische **Merkmale einer Kurzgeschichte** sind:
- äußere Umfangsbegrenzung/Kürze
- Verdichtung des Geschehens auf einen Augenblick, der für die dargestellten Figuren von besonderer Bedeutung ist,
- Wiedergabe des inneren Geschehens durch erlebte Rede, inneren Monolog usw.,
- unvermittelter Beginn und offenes Ende,
- Alltäglichkeit von Thema und Sprache,
- sprachliche Technik der Andeutungen, Mehrdeutigkeiten und Metaphern.

1.2 Antifaschismus und Zeitkritik – Vergangenheitsbewältigung in DDR und Bundesrepublik

Der politisch-gesellschaftlich-kulturelle Neubeginn im Nachkriegsdeutschland stand schon bald unter dem Zeichen des Kalten Krieges, der die Siegermächte entzweite und zwischen die westlichen Zonen und die Ostzone den Eisernen Vorhang zog. Auf die Gründung der Bundesrepublik Deutschland im Jahre 1949 als parlamentarischer, föderaler Demokratie mit sozialer Marktwirtschaft folgte in Ostdeutschland im gleichen Jahr die Gründung der DDR als sozialistischem Einheitsstaat mit staatlich gelenkter Planwirtschaft.

Information **Vergangenheitsbewältigung in den 1950er- und 1960er-Jahren**

Da die Kultur in der **DDR** von Anfang an strenge Vorgaben durch die Staatsführung erhielt, waren es immer wieder politische Entwicklungen, auf die die Literatur reagierte oder reagieren musste. Das Selbstverständnis der sozialistischen DDR als **„antifaschistischer Staat auf deutschem Boden“** ließ keine Diskussion um eine „Stunde Null“ zu; der Bruch mit der jüngsten Vergangenheit sollte vollständig sein. Parallel zum Aufbau des Landes Anfang der 1950er-Jahre forderte eine am sowjetischen Vorbild orientierte Doktrin einen **sozialistischen Realismus** (▸ S. 25), der einen positiv gezeichneten Arbeiterhelden ins Zentrum der Literatur rückt.
In der **Bundesrepublik** zeigten sich in Bezug auf die Epik deutliche Veränderungen im Vergleich zur unmittelbaren Nachkriegszeit. Hier ließ man die typischen Themen der „Trümmerliteratur“ hinter sich und wendete sich mit **zeitkritischer, modern erzählter Prosa** gegen die restaurativen Tendenzen der Adenauer-Ära. Autoren wie Günter Grass (*1927), Heinrich Böll (1917–1985) und Wolfgang Koeppen (1906–1996) verwiesen während der Wirtschaftswunderzeit auf die schreckliche jüngere **Vergangenheit des Nationalsozialismus** und formulierten in ihren Texten ihr Misstrauen gegenüber der gesellschaftlichen Entwicklung in Westdeutschland.

Die Abenteuer des Werner Holt

Der zweibändige Entwicklungsroman „Die Abenteuer des Werner Holt“ des DDR-Schriftstellers Dieter Noll (1927–2008) erschien in den Jahren 1960 und 1963. Der erste Band „Roman einer Jugend“ gehörte in den Schulen der DDR zur Pflichtlektüre und wurde 1965 mit Klaus-Peter Thiele in der Hauptrolle verfilmt.

Dieter Noll

Die Abenteuer des Werner Holt
(1960)

Im ersten Band des Romans ziehen der Titelheld und seine Klassenkameraden freiwillig und hoch motiviert als Flakhelfer in den Zweiten Weltkrieg. In seiner Begeisterung für die zahlreichen Abenteuer, die er während seines Kriegsdienstes erlebt, stellt Holt den Sinn des Krieges und den nationalsozialistischen Terror zunächst nicht in Frage. Während sein Kamerad Wolzow bis zum Schluss ein überzeugter Kämpfer und Nationalsozialist bleibt, wandelt sich die Haltung Holts schließlich. Zu einem Schlüsselerlebnis kommt es, als er in einer Sägemühle in einem slowakischen Dorf eine grauenvolle Entdeckung macht.

Es dauerte ein paar Sekunden, bis er sich an die Dunkelheit gewöhnt hatte. Dann sah er. Was er sah, war so über alle Maßen grauenhaft, dass es sich in seinem Hirn erst wie aus Mosaiksteinchen zu einen vollständigen Bild zusammenfügen musste. Aber dann begriff er.

Alles um ihn begann sich zu drehen, vor seinen Augen wurde es rot und dann schwarz. Er hielt sich am Türpfosten fest. Er wollte fliehen, aber die Glieder versagten und begannen haltlos zu zittern.

Er sah: Eine Kreissäge. Auf dem mit Sägespänen bestreuten, blutgetränkten Boden lagen russische Uniformstücke verstreut, und dazwischen ein paar über den Knien abgesägte Beine, eine Hand, ein Stück Schenkel. Auf dem Tisch der Kreissäge lag der nackte, armlose Oberkörper eines Menschen. In die Brust war ein großer Sowjetstern geschnitten. […]

Jemand polterte durch die Tür und prallte zurück. Es war Wolzow. Auch er wurde aschfahl. Er zog die Schultern nach vorn, sein Kopf kippte zur Seite. Dann packte er Holt am Arm und zog ihn ins Freie.

Holt wankte ein paar Schritte in den Abend hinaus. Er spürte, wie ihm der Mageninhalt hochkam. Er erbrach sich. Wolzow sagte neben ihm: „Immer raus damit … Jetzt geht's schon wieder besser!“ Dann stieß er Holt mit der Faust in den Rücken: „Los, weg hier!“ […]

Ich hab es gesucht, das … Abenteuer, dachte Holt. Nun darf ich nicht jammern und klagen, auch wenn ich darin umkomm. Aber ich hab es mir anders gedacht: reinigend, befreiend und heroisch … nicht so sinnlos. Langemarck[1], wie es in den Lesebüchern stand, war immer das Ideal, singend für Deutschland in den Tod zu stürmen … Alle die Bücher fielen ihm ein, er sah eine Seite mit gotischen Lettern aufgeschlagen vor sich: „… halbaufrecht emporgeworfen die Handgranate mit einem Jauchzen in das Maschinengewehrnest schleudernd … im Schwung noch von der Kugel getroffen und niedersinken mit dem letzten Gedanken: … Deutschland … Nahm den bitteren Kelch mit stolzem Heldenlachen …“

Lüge! Die Bücher haben alle gelogen.

[Holt schließt sich dennoch zunächst wieder Wolzow an. Erst als bei weiteren Gefechten mit der russischen Armee viele Kameraden fallen und Wolzow einen flüchtenden Sechzehnjährigen erschießt, wendet sich Holt endgültig gegen ihn.]

1 **Langemarck:** Ort in Belgien. – Während eines Gefechts des Ersten Weltkriegs wurden am 10. November 1914 über 2.000 junge deutsche Soldaten bei dem Versuch getötet, nahe der Ortschaft Langemarck eine Hügelkette zu erobern. Als „Mythos von Langemarck“ wurde die Opferbereitschaft dieser jungen Rekruten überhöht und ihr „Heldentod“ glorifiziert.

Plakat zum Film „Die Abenteuer des Werner Holt“ (1965, Regie: Joachim Kunert)

Wo hab ich meine Augen gehabt, meinen Verstand? Mein Schicksal ist ein Mensch, ein lebender Mensch mit Leib und Hirn und schlagendem Herzen, der sich Macht anmaßt über Leben und Tod, er oder ein anderer, wie hier im Keller, so überall, im ganzen Land, im Kleinen, im Großen … Und er sah nun: Das Anonyme, das System, wohlgeordnet, mit Rangabzeichen und Uniformen, eine Hierarchie der Gewalt ist unser aller Schicksal! Lüge, Betrug war alles, Verdummung war Gott und die Vorsehung nichts als Berechnung! Nicht Schicksalsmacht über Getriebenen, hieß es, nicht Vorsehung über vorgezeichnetem Weg, nicht Gott über Irdischen, Sterblichen, sondern Menschen über Menschen, Machthaber über Machtlosen, und immer Sterbliche über Sterblichen!

Er fasste Wolzow ins Auge. Er hatte noch nie mit solcher Klarheit in einen Menschen hineingesehen. Dieser Unteroffizier mit der Leutnantsmütze, der den Kopf voller Pläne hat, voller durchführbarer und undurchführbarer, auf jeden Fall aber mörderischer Pläne, zugleich voller historischer Ereignisse und Parallelen, für jeden Fehler ein Beispiel und für jeden Toten ein Beispiel, dieser Mensch dort

[...] ist ein Symbol: ein Verbrecher, der mit angemaßter Macht Mensch auf Mensch in den Tod schickt, ein Mörder von Berufung und Beruf. Und ich war sein Werkzeug, seine Kreatur, sein Zutreiber, dachte Holt.

Das Gefühl der Schuld stieg in ihm hoch. Es wollte ihn zurückstoßen in die alte Apathie: Ich hab auf der falschen Seite gestanden, von Anfang an, in der Slowakei, im Osten, immer, bis heute. Ich hab alles mitgemacht. Ich hab geschwiegen und zugesehn. *Etwas davon war auch in mir*. Und nun bin ich schuldig.

In seinem Inneren braute sich ein neues Gefühl zusammen: brennender Hass. Er verstand nun alles. [...]

Ich war blindes Werkzeug des Verbrechens, Handlanger des Unrechts. Schaurige Bilanz! Achtzehn Jahre umsonst gelebt, achtzehn Jahre missbraucht und betrogen, und nun schuldig, schuldig. Und der Hass wuchs und schlug wie eine Flamme in ihm hoch: Im Ende lehn ich mich auf, gegen das „Schicksal", ich biet ihm die Stirn, ich bin stärker, ich spring in die Schranken.

Ich lege Wolzow das Handwerk. [...]

Holt stand auf und fasste die Maschinenpistole. Er sagte: „Die Truppe geht zurück oder kapituliert."

Winkler, neben dem Ausgang, beugte sich nach vorn und starrte Holt überrascht an.

Wolzow stützte die Hände auf den Kartentisch und hob das Gesicht.

Holt ging zum Radio. Aus dem Lautsprecher drang die Stimme des Sprechers: „Erbitterte Kämpfe... Durchbruch russischer Panzer zwischen Muskau und Guben... Durchbruch im Raum Wriezen... Durchbruch... Durchbruch..." – „Stell ab!", schrie Wolzow. „Hier wird gekämpft bis auf den letzten Mann!"

Holt sagte: „Es wird nicht mehr gekämpft!"

„Nimm dich in acht", zischte Wolzow. „Ich hab schon einen umgelegt, eigenhändig, reiß dich zusammen, sonst ..."

Holt nahm Wolzows Koppel mit der Pistolentasche und warf es durch die Tür in den dunklen Kohlenkeller.

„Es ist aus, Wolzow!", sagte Holt. Wolzows Gesicht verzerrte sich. [...]

„Winkler", sagte Holt. „Sie übernehmen wieder das Kommando. Gehn Sie nicht nach Bucheck zurück, dort soll SS sein, gehn Sie südlich durch die Wiesen oder gleich in Gefangenschaft, wie Sie meinen ..." Auf einmal versagte seine Stimme.

Winkler hielt den Türgriff in der Hand. „Komm mit, Holt!" – „Ich komm nach." Die Tür fiel hinter Winkler ins Schloss.

Wolzow sagte mit einer kratzigen Stimme: „Das ist Verrat! Die Truppe ist noch gut für vierundzwanzig Stunden Häuserkampf!"

Holt fuhr herum. Er schrie: „Gestern waren's zweihundert; und wie viel sind übrig geblieben? ... Du willst hier Lesebuchgeschichten aufführen, aber ..." Er brach ab. Bei dem ist jedes Wort vergeblich.

„Ich fühl mich nicht zum Henker berufen", sagte Holt, „ich geh." Er rief: „Aber lauf mir nicht über den Weg, Wolzow! Verkriech dich irgendwo, aber lass dich nicht vor mir sehen!"

Er stand schon in der Tür. Als Wolzow nicht mehr die Waffe auf sich gerichtet fühlte, geriet er außer sich. Er schrie, nach vorn geneigt: „Warte, du Verbrecher! Warte, ich hol die SS aus Bucheck, ich komm wieder, du sollst hängen, ich will dich hängen sehn neben Wehnert[2]!" Seine Stimme überschlug sich.

Holt warf die Tür ins Schloss. Er ging langsam durch die Gärten zum Stadtrand.

2 **Wehnert:** junger Leutnant, der zu desertieren versucht und daraufhin von Wolzow der SS übergeben wird

Arbeitsanregungen

1. Stellen Sie dar, welche Erlebnisse und Erkenntnisse dazu führen, dass Werner Holts anfängliche Begeisterung für die Abenteuer des Krieges schließlich in eine kritische Haltung umschlägt.
2. Am Schluss des Romanauszugs sagt Holt zu Wolzow „Ich fühl mich nicht zum Henker berufen" (Z. 146) und tötet ihn nicht. Erklären Sie diese Entscheidung.
3. a) Stellen Sie Vermutungen an, warum der Roman „Die Abenteuer des Werner Holt" in den Schulen der DDR zur Pflichtlektüre gehörte. Beziehen Sie in Ihre Überlegungen den Infokasten „Vergangenheitsbewältigung in den 1950er- und 1960er-Jahren" auf S. 10 mit ein.
   b) Hätte dieses oder ein vergleichbares Werk auch in der Bundesrepublik der 1950er- und 1960er-Jahre Pflichtlektüre in den Schulen sein können? Begründen Sie Ihre Meinung.

Katz und Maus

Günter Grass' Novelle „Katz und Maus" ist der zweite Teil der so genannten Danziger Trilogie. In den Werken „Die Blechtrommel" (1959), „Katz und Maus" (1961) und „Hundejahre" (1963) setzt sich Grass mit der nationalsozialistischen Vergangenheit und den Versuchen ihrer Bewältigung auseinander. Ort der Handlung ist die Danziger Kleinbürgerwelt in der Zeit von Faschismus und Krieg.

Günter Grass

Katz und Maus (1961) – Novellenbeginn

Günter Grass: Katz und Maus (Lithografie, 2002)

… und einmal, als Mahlke schon schwimmen konnte, lagen wir neben dem Schlagballfeld im Gras. Ich hätte zum Zahnarzt gehen sollen, aber sie ließen mich nicht, weil ich als Tickspieler[1] schwer zu ersetzen war. Mein Zahn lärmte. Eine Katze strich diagonal durch die Wiese und wurde nicht beworfen. Einige kauten oder zupften Halme. Die Katze gehörte dem Platzverwalter und war schwarz. Hotten Sonntag rieb sein Schlagholz mit einem Wollstrumpf. Mein Zahn trat auf der Stelle. Das Turnier dauerte schon zwei Stunden. Wir hatten hoch verloren und warteten nun auf das Gegenspiel. Jung war die Katze, aber kein Kätzchen. Im Stadion wurden oft und wechselseitig Handballtore geworfen. Mein Zahn wiederholte ein einziges Wort. Auf der Aschenbahn übten Hundertmeterläufer das Starten oder waren nervös. Die Katze machte Umwege. Über den Himmel kroch langsam und laut ein dreimotoriges Flugzeug, konnte aber meinen Zahn nicht übertönen. Die schwarze Katze des Platzverwalters zeigte hinter Grashalmen ein weißes Lätzchen. Mahlke schlief. Das Krematorium zwischen den Vereinigten Friedhöfen und der Technischen Hochschule arbeitete bei Ostwind. Studienrat Mallenbrandt pfiff: Wechsel Fangball Übergetreten. Die Katze übte. Mahlke schlief oder sah so aus. Neben ihm hatte ich Zahnschmerzen. Die Katze kam übend näher. Mahlkes Adamsapfel fiel auf, weil er groß war, immer in Bewegung und einen Schatten warf. Des Platzverwalters schwarze Katze spannte sich zwischen mir und Mahlke zum Sprung. Wir bildeten ein Dreieck. Mein Zahn schwieg, trat nicht mehr auf der Stelle: denn Mahlkes Adamsapfel wurde der Katze zur Maus. So jung war die Katze, so beweglich Mahlkes Artikel – jedenfalls sprang sie Mahlke an die Gurgel; oder einer von uns griff die Katze und setzte sie Mahlke an den Hals; oder ich, mit wie ohne Zahnschmerz, packte die Katze, zeigte ihr Mahlkes Maus: und Joachim Mahlke schrie, trug aber nur unbedeutende Kratzer davon.

Ich aber, der ich Deine Maus einer und allen Katzen in den Blick brachte, muß nun schreiben. Selbst wären wir beide erfunden, ich müßte dennoch. Der uns erfand, von berufswegen, zwingt mich, wieder und wieder Deinen Adamsapfel in die Hand zu nehmen, ihn an jeden Ort zu führen, der ihn siegen oder verlieren sah; und so lasse ich am Anfang die Maus über dem Schraubenzieher hüpfen, werfe ein Volk vollgefressene Seemöwen hoch über Mahlkes Scheitel in den sprunghaften Nordost, nenne das Wetter sommerlich und anhaltend schön, vermute, daß es sich bei dem Wrack um ein ehemaliges Boot der Czaika-Klasse handelt, gebe der Ostsee die Farbe dickglasiger Seltersflaschen, lasse nun, da der Ort der Handlung südöstlich der Ansteuerungstonne Neufahrwasser festgelegt ist, Mahlkes Haut, auf der immer noch Wasser in Rinnsalen abläuft, feinkörnig bis graupelig

1 **Tickspieler:** Aufschläger im Schlagballspiel

werden; doch nicht die Furcht, sondern das übliche Frösteln nach zu langem Baden besetzte Mahlke und nahm seiner Haut die Glätte. Dabei hatte keiner von uns, die wir dürr und langarmig zwischen seitlich wegragenden Knien auf den Resten der Kommandobrücke hockten, von Mahlke verlangt, nochmals in den Bugraum des abgesoffenen Minensuchbootes und in den mittschiffs anstoßenden Maschinenraum zu tauchen, etwas mit seinem Schraubenzieher abzufummeln, ein Schräubchen, Rädchen oder was Dolles: ein Messingschild, dichtbeschrieben mit den Bedienungsanweisungen irgendeiner Maschine in polnischer und englischer Sprache; denn wir hockten ja auf allen über dem Wasserspiegel ragenden Brückenaufbauten eines ehemaligen, in Modlin[2] vom Stapel gelaufenen, in Gdingen[3] fertiggestellten polnischen Minensuchbootes der Czaika-Klasse, das im Jahr zuvor südöstlich der Ansteuerungstonne, also außerhalb der Fahrrinne und ohne den Schiffsverkehr zu behindern, abgesoffen war.

[...]

Er bettelte, mitschwimmen zu dürfen. Gerade wollten wir, sechs oder sieben Mann stark, unseren täglichen Kurs einschlagen, feuchteten uns umständlich vorsorglich im seichten Quadrat des Familienbades an, da stand Mahlke auf dem Laufsteg des Herrenbades: „Nehmt mich doch mit. Ich schaff es bestimmt.“ Ein Schraubenzieher hing ihm unter der Gurgel und lenkte von seiner Gurgel ab.

„Na schön!“ Mahlke kam mit, überholte uns zwischen der ersten und der zweiten Sandbank, und wir gaben uns keine Mühe, ihn einzuholen. „Der soll sich mal abstrampeln.“

Wenn Mahlke in Brustlage schwamm, tanzte ihm der Schraubenzieher deutlich, denn das Ding hatte einen Holzgriff, zwischen den Schulterblättern. Schwamm Mahlke auf dem Rücken, torkelte der Holzgriff auf seiner Brust, verdeckte aber nie vollkommen jenen fatalen Knorpel zwischen Kinnlade und Schlüsselbein, der als Rückenflosse ausgefahren blieb und eine Kielspur riß.

Und dann zeigte Mahlke es uns. Er tauchte mehrmals kurz hintereinander mit seinem Schraubenzieher und brachte hoch, was sich nach zwei- oder dreimaligem Tauchen abschrauben ließ: Deckel, Verschalungsteile, ein Stück von der Lichtmaschine, fand unten ein Seil, seilte mit dem brüchigen Drussel[4] einen waschechten Minimax[5] aus dem Vorschiff hoch; und das Ding – deutsches Fabrikat übrigens – war noch brauchbar; Mahlke bewies es uns, löschte mit Schaum, zeigte uns, wie man mit Schaum löscht, löschte mit Schaum die glasgrüne See – und stand vom ersten Tag an ganz groß da. **R**

2 **Modlin:** Festung am Zusammenfluss von Weichsel und Bug, ca. 50 km nordwestlich von Warschau

3 **Gdingen:** polnische Hafenstadt in der Danziger Bucht

4 **Drussel:** Schiffstau

5 **Minimax:** Feuerlöscher

Arbeitsanregungen

1. Erläutern Sie, was Joachim Mahlke zum Außenseiter macht und wie er damit umgeht.
2. a) Erklären Sie, welche Rolle der Ich-Erzähler Pilenz in Zusammenhang mit Mahlkes Schicksal spielt und was ihn zu seinem Verhalten veranlasst.
   b) Zu Beginn des zweiten Absatzes spricht der Erzähler Mahlke direkt an. Erläutern Sie die Wirkung dieser Erzähltechnik bezüglich der Charakterisierung des Ich-Erzählers.
   c) Was könnte Pilenz dazu bewegt haben, die Geschichte von Mahlke aufzuschreiben? Begründen Sie Ihre Vermutungen schriftlich.
3. Analysieren Sie die Metaphern „Katz“ und „Maus“ im Hinblick auf ihre Funktion und Wirkung. Berücksichtigen Sie dabei auch den folgenden Satz: „Ich aber, der ich Deine Maus einer und allen Katzen in den Blick brachte, muß nun schreiben.“ (Z. 47 ff.)
4. Untersuchen Sie, wie in dem vorliegenden Textauszug Raum und Zeit gestaltet sind (▸ Methodenbaustein, S. 15).
5. Stellen Sie begründete Vermutungen zum weiteren Verlauf der Handlung an.

Methodenbaustein **Raum- und Zeitgestaltung untersuchen**

Der **Raum** in einem Erzähltext ist nicht einfach der zufällige Ereignisort. Er erhält z.B. über seine reine Gegenständlichkeit hinaus Bedeutung, indem er mit den Gefühlslagen und Stimmungen der Figuren oder mit dem Handlungsverlauf korrespondieren kann. Derart kann eine Landschaft mit ihrer Atmosphäre zur Dramatik der Handlung beitragen oder im Extremfall auch reine „Seelenlandschaft“ sein, das nach außen projizierte Augenblicks- oder Lebensgefühl einer Figur.

Im Hinblick auf die **Zeit** lassen sich verschiedene Aspekte untersuchen:

- Ist die Geschichte historisch verortet, lässt sie sich also klar erkennbar einer historischen Situation zuordnen? Welche Bedeutung hat diese Situation für das erzählte Geschehen?
- Wie ist das Verhältnis von Erzählzeit (Zeit, in der die Geschichte erzählt bzw. gelesen werden kann) und erzählter Zeit (Zeitraum, in dem sich das erzählte Geschehen abspielt) gestaltet?
- Wird kontinuierlich im Sinne der zeitlichen Abfolge erzählt oder diskontinuierlich in Form von Vorausdeutungen und Rückblenden?

Günter Grass

Katz und Maus (1961) – Auszug aus dem Schlusskapitel

Mahlke unternimmt im Verlauf der Novelle noch einiges, um von seinem „Makel“ abzulenken: Einerseits versucht er, seinen Adamsapfel durch selbst gebastelte „Puscheln“ und später sogar durch ein gestohlenes Ritterkreuz („Bonbon“) zu bedecken; andererseits bemüht er sich, durch gefährliche Mutproben, sportliche Höchstleistungen und schließlich durch eine glänzende Militärkarriere seinen „Makel“ zu kompensieren.
Auf Heimaturlaub in Danzig hofft Mahlke, der inzwischen selbst ein Ritterkreuz verliehen bekommen hat, vor der Schülerschaft seines ehemaligen Gymnasiums, das er wegen des Ordensdiebstahls verlassen musste, einen Vortrag über seine Fronterfahrungen halten zu dürfen. Als ihm dies verweigert wird, entschließt sich Mahlke, nicht an die Front zurückzukehren, sondern sich im inneren Teil des gesunkenen polnischen Minensuchbootes zu verstecken.

Plakat zum Film „Katz und Maus“ (1967, Regie: Hans-Jürgen Pohland)

Immer wieder bohre ich mir mit selbstgedrechselter Frage im Ohr: Sagte er noch etwas, bevor er nach unten ging? Halbgewiß bleibt nur jener verkantete Blick über die linke Schulter zur Brücke. Durch kurzes Hocken feuchtete er sich an, färbte das Fahntuchrot der Gymnasiastenturnhose stumpf dunkel, raffte rechts das Netz mit den Konservendosen handlich zusammen – aber der Bonbon? Am Hals hing er nicht. Verwarf er ihn unauffällig? Welcher Fisch bringt ihn mir? Sagte er noch etwas über die Schulter? Hoch zu den Möwen? Gegen den Strand oder die Pötte auf der Reede? Verfluchte er Nagetiere? Ich glaube nicht, zu hören, daß Du „Also, bis heute abend!" sagtest. Kopfvoran und mit zwei Konservendosen beschwert, tauchte er weg: runder Rücken und Gesäß folgten dem Nacken. Ein weißer Fuß stieß ins Leere. Das Wasser über der Luke fand ins gewohnte kurzwellige Spiel.

Da nahm ich den Fuß vom Büchsenöffner. Ich und der Büchsenöffner blieben zurück. Wäre ich gleich ins Boot, Leine ab und weg: „Na, der wird es auch ohne schaffen", aber ich blieb, zählte Sekunden, überließ dem Bagger, voraus der Ansteuerungstonne, mit wandernden, auf Raupen laufenden Greifern das Vorzählen, zählte angestrengt mit: zweiunddreißig dreiunddreißig rostige Sekunden. Sechsunddreißig siebenunddreißig schlammhievende Sekunden. Einundvierzig zweiundvierzig schlechtgeölte Sekunden, sechsundvierzig siebenundvierzig achtundvierzig Sekunden lang tat der Bagger mit steigenden, kippenden, zu Wasser gehenden Greifern, was er konnte: er vertiefte die Fahrrinne zur Hafeneinfahrt Neufahrwasser und half mir, die Zeit zu messen: Mahlke mußte am Ziel sein und mit Konservendosen, ohne Büchsenöffner, mit oder ohne jenen Bonbon, dessen Süße Bitternis zum Zwilling hatte, die ehemalige über dem Wasserspiegel liegende Funkerkabine des polnischen Minensuchbootes „Rybitwa" bezogen haben.

Wenn wir auch keine Klopfsignale abgemacht hatten, hättest Du dennoch klopfen können. Noch einmal und noch einmal ließ ich den Bagger für mich dreißig Sekunden abzählen. Wie sagt man. Nach menschlichem Ermessen mußte er ... Die Möwen irritierten. Schnittmuster entwarfen sie zwischen Kahn und Himmel. Als aber die Möwen ohne lesbaren Grund plötzlich abdrehten, irritierten mich fehlende Möwen. Und ich begann zuerst mit meinen Absätzen, dann mit Mahlkes Knobelbechern das Brückendeck zu bearbeiten. Rost sprang in Placken ab, kalkiger Möwenmist krümelte und tanzte bei jedem Schlag mit. Pilenz, mit dem Büchsenöffner in hämmernder Faust, rief: „Komm wieder rauf, Mensch! Du hast den Büchsenöffner oben gelassen, den Büchsenöffner ...!" Pausen nach wilden, dann rhythmisch geordneten Schlägen und Schreien. Konnte leider nicht morsen, hämmerte: zweidrei, zweidrei. Machte mich heiser: „Büch – sen – öffner! Büch – sen – öffner!"

Seit jenem Freitag weiß ich, was Stille ist, Stille tritt ein, wenn die Möwen abdrehen. Nichts vermag mehr Stille zu bewirken als ein arbeitender Bagger, dem der Wind die eisernen Geräusche wegstemmt. Aber die größte Stille bewirkte Joachim Mahlke, indem er auf meinen Lärm keine Antwort wußte. **R**

Arbeitsanregungen

1. Vergleichen Sie Ihre Vermutungen zum weiteren Verlauf der Handlung (▶ Aufgabe 5, S. 14) mit dem Inhalt des vorliegenden Textauszugs.
2. „Seit jenem Freitag weiß ich, was Stille ist [...]." (Z. 68) Stellen Sie dar, wie der Ich-Erzähler den Abschied von Mahlke erlebt.
3. a) Untersuchen Sie die Erzählstrategie des Textes, indem Sie für einzelne Erzählabschnitte die unterschiedlichen Darbietungsformen benennen und deren Funktion erklären (▶ Methodenbaustein, S. 17).
   b) Erklären Sie die Funktion des Wechsels der Erzählform in Z. 14 ff., 45 f. und 59 f.
4. Aufgrund des personalen Erzählverhaltens lassen sich über Mahlkes Gedanken und Gefühle nur Vermutungen anstellen. Verfassen Sie einen kurzen inneren Monolog Mahlkes, bevor er zum Boot abtaucht.
5. Für den Schutzumschlag der Erstausgabe seiner Novelle hatte Günter Grass das Bild einer mit einem Ritterkreuz dekorierten Katze angefertigt. In einer später entstandenen Lithografie ist dasselbe Motiv gestaltet (▶ S. 13). Betrachten Sie das Bild und diskutieren Sie mit Ihrem Lernpartner/Ihrer Lernpartnerin, wer die auf ihm abgebildete Katze sein soll. Begründen Sie Ihre Meinung.
6. In einer Buchvorstellung zu „Katz und Maus" heißt es: „In seiner Novelle ‚Katz und Maus' schildert Günter Grass die Indoktrination jugendlicher Individualität durch das nationalsozialistische Heldenideal. Zugleich veranschaulicht das Werk die tragische Schuld der Mächtigen gegenüber den Ohnmächtigen, der Majorität gegenüber der Minorität – der Katze gegenüber der Maus." Erläutern und beurteilen Sie dieses Zitat.

7. Zeigen Sie auf, inwiefern es sich bei der Novelle „Katz und Maus" um „zeitkritische, modern erzählte Prosa" handelt. Berücksichtigen Sie dabei den Infokasten „Vergangenheitsbewältigung in den 1950er- und 1960er-Jahren" auf S. 10.
8. Erläutern Sie anhand der Werke von Dieter Noll und Günter Grass Gemeinsamkeiten und Unterschiede in der Auseinandersetzung mit Krieg und Faschismus in der DDR und der Bundesrepublik der 1950er- und 1960er-Jahre.

Methodenbaustein Erzählstrategien untersuchen

Der Erzähler ist charakteristisch für die epische Literatur. Seine spezifische Ausgestaltung strukturiert den epischen Text, denn er vermittelt das Erzählte (▸ vordere Umschlaginnenseite). Darum ist eine Analyse des Erzählers und seiner Eigenschaften für das Verständnis eines Erzähltextes entscheidend. Zu beachten sind dabei die folgenden Aspekte:

Erzählform:
- **Er-/Sie-Form:** Der Erzähler ist der Vermittler der Geschichte.
- **Ich-Form:** Der Erzähler erscheint gleichzeitig als erlebende und erzählende Figur und lässt so die Leserinnen und Leser an seiner Geschichte teilhaben.
- **Du-Form:** Der Erzähler spricht eine Figur direkt an.

Erzählverhalten:
- Ein **personaler Erzähler** erzählt aus der Perspektive einer der handelnden Figuren. Er versetzt sich in ihr Innerstes und schildert, was die Figur denkt oder fühlt.
- Der **auktoriale Erzähler** weiß mehr als die handelnden Figuren und kann die gesamte Handlung sowohl rückblickend als auch in die Zukunft hinein überblicken. Er kann die Handlungsweise von Figuren erklären, kommentieren und bewerten und die Leser/innen durch Vorausdeutungen leiten.
- Der **neutrale Erzähler** tritt vollständig hinter dem erzählten Geschehen zurück, er ist weder als erzählende Figur noch als Figur im Geschehen, aus deren Perspektive erzählt wird, fassbar.

Perspektive:
- **Innensicht:** Der Erzähler hat in das Innere, in Gefühle und Gedanken einer Figur Einblick.
- **Außensicht:** Der Erzähler sieht die Figuren (ggf. als Beteiligter) nur von außen.

Erzählhaltung:
- Der auktoriale Erzähler nimmt eine Haltung zum Erzählten ein, die viele Schattierungen haben kann, z. B. ironisch, kritisch, ablehnend, neutral, wohlwollend, begeistert.
- Der neutrale Erzähler bleibt objektiv.
- Die Haltung des personalen Erzählers zum erzählten Geschehen ist an die Einstellung der Figur, aus deren Perspektive erzählt wird, gebunden.

Darbietungsformen:
- **Erzählbericht:** Der Erzähler vermittelt beschreibend den Erzählgegenstand.
- **Kommentar:** Der Erzähler kommentiert das Geschehen.
- **Figurenrede:** Der Erzähler lässt die Figuren zu Wort kommen; dies kann in Form der direkten oder indirekten Rede, des Redeberichts oder der zusammenfassenden Redewiedergabe geschehen.
- **innerer Monolog:** Der Erzähler gibt die Gedanken, Wahrnehmungen und Gefühle (Bewusstseinsstrom) einer Figur in der ersten Person Präsens oder Perfekt wieder.
- **erlebte Rede:** Der Erzähler gibt die Gedanken und Empfindungen einer Figur in der dritten Person Präteritum wieder.

1.3 Die nächste Generation – Väterliteratur

Unter „Väterliteratur" versteht man eine seit den 1970er-Jahren bestehende literarische Strömung, deren Autorinnen und Autoren sich in sehr persönlicher Weise mit der Schuld und Verantwortung der Väter-Generation für das Nazi-Regime auseinandersetzen. So fragt Christoph Meckel (*1935) in „Suchbild. Über meinen Vater" (1980) nach der Rolle, die sein Vater Eberhard Meckel – ein erfolgreicher Schriftsteller der 1930er-Jahre – im Nationalsozialismus gespielt hat. Uwe Timm (*1940) nimmt in „Am Beispiel meines Bruders" (2003) das Leben seines 16 Jahre älteren Bruders, der Mitglied der Waffen-SS war, zum Anlass, den Umgang der Deutschen mit der NS-Vergangenheit zu thematisieren. Für beide Autoren, selber zur Zeit des Nationalsozialismus noch Kinder, ist dabei die Auseinandersetzung mit der Schuld der Väter-Generation zugleich ein Versuch, die eigene Lebensgeschichte schreibend zu verarbeiten.

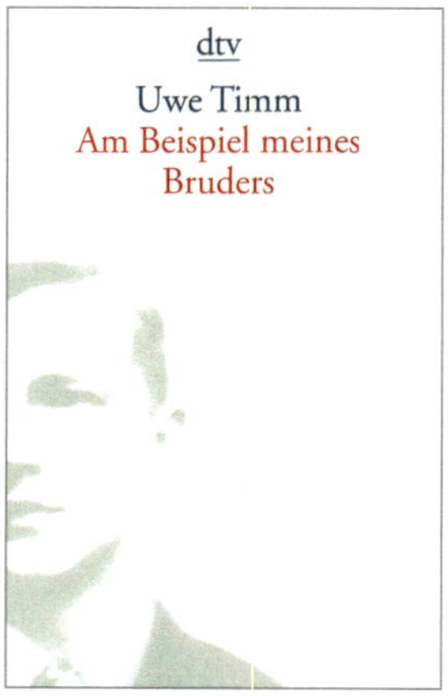

Arbeitsanregungen

1. Beschreiben Sie die Cover der beiden Bücher und stellen Sie auf dieser Grundlage Vermutungen darüber an, was für Bilder die Autoren von ihrem Vater bzw. Bruder zeichnen werden.
2 Untersuchen Sie die Titel der beiden Bücher. Welche Erwartungen an den Inhalt werden durch sie geweckt? Worin könnten mögliche inhaltliche Unterschiede bestehen?

Christoph Meckel

Suchbild. Über meinen Vater (1980)

Ich behalte das Glück der ersten Erinnerung. Neben meinem Vater im DKW[1], vermutlich zu klein, um aus dem Fenster zu schauen, schnelles Fahren auf der Schöneicher Chaussee, hinter Friedrichshagen, im Osten Berlins. Das Wagendach geöffnet, ein heller Tag, ich legte den Kopf zurück und sah in den Himmel, dort flatterte Laub und schlug über mir zusammen, schwindelerregend, ein Schwirren von Schatten und Licht – während mein Vater das Auto lenkte, wiederholte Erinnerung, helle und dunkle Chausseen, Fahren in der Nacht, Mark Brandenburg, schnurgerade Chausseen und schnelles Fahren, Gefühl von Sicherheit und blindem Vertrauen, eine wunderbare Gewissheit in seiner Nähe. [...]

Ich hatte nicht die Absicht, mich mit meinem Vater zu beschäftigen. Über ihn zu schreiben erschien mir nicht nötig. Der Fall, ein Privatfall, war abgeschlossen. Ich hätte Erinnerungen an ihn notiert, ohne die Absicht, etwas daraus zu machen. Ich hätte vermutlich nicht länger an ihn gedacht. Neun Jahre nach seinem Tod kommt er wieder zurück und zeigt sein Profil. Seit ich seine Kriegstagebücher las, kann ich den Fall nicht auf sich beruhen lassen; er ist nicht länger privat. Ich entdeckte die Notizen eines Menschen, den ich nicht kannte. Diesen Menschen zu kennen war nicht möglich, ihn für möglich zu halten – unzumutbar. Was ich von seiner NS-Zeit wusste, konnte ich nur aus dem, was er selber sagte. Das war die gereinigte Darstellung seiner Rolle, alles in allem ein unverfänglicher Wortlaut. Dass nichts so harmlos war, wie er das sagte, wurde angenommen, es blieben noch Zweifel. Es gab seine Lyrik und Prosa aus zwanzig Jahren, die nationale Tendenz war unverkennbar. Aber es gab, trotz allem, keinen Grund, einen anderen Menschen für möglich zu halten als jenen, der gegenwärtig und gut bekannt war. Der Mensch, den ich kannte oder zu kennen glaubte, war nur ein Teil jenes andern, den kei-

1 **DKW:** eine ehemalige deutsche Automobil- und Motorradmarke

ner kannte. Nachdem ich den einen und den andern kenne, fehlt eine Tagesordnung, zu der ich übergehn kann.

Er wurde als Gefreiter in Lodz stationiert. Abgesehn von Urlauben aller Art, in denen sich Hoffnung auf Leben zusammendrängte (er fuhr selbst für wenige Tage in den Schwarzwald), war er Soldat und wurde es immer mehr. Im Verlauf dreier Dienstjahre stieg er zum Leutnant auf. [...]

Er zog sich, sooft es ihm möglich war, aus der Gemeinschaft zurück und schrieb Gedichte. Wo immer er hinkam, baute er sein Idyll, versponnen in einen Kokon aus Besinnlichkeit. Er las die Klassiker und Moltkes Schriften und notierte jede STIMMUNG DER JAHRESZEIT – die Geräusche des Regens auf dem Kasernendach, die Farben des Sommerhimmels über dem Ghetto. In der Zurückgezogenheit bewahrte er sich ein Minimum an privater Kontinuität. Dort gab er sich, Briefe schreibend, dem Heimweh hin. Der Krieg war schlimm (er musste freilich sein), aber schlimmer war das Getrenntsein von seiner Frau. Größe und Niedergang des Vaterlandes (der politisch Bewusstlose sah die Gründe nicht) bedeuteten wenig im Vergleich zu der Tatsache, dass seine Kinder ohne ihn größer wurden. In allem, was er dachte und tat, hielt er sich streng an die festgelegte Verantwortung des Soldaten. In ihr war er sicher vor möglichen Zweifeln (tiefere Zweifel schienen ihn nicht zu befallen). Sie war seine Zuständigkeit und seine Würde. Über Politik wurde selten gesprochen, selten mit Kameraden und Offizieren, weniger noch im Urlaub mit seiner Frau. Der Glaube an die Rechtmäßigkeit des Krieges, das unbedingte Vertrauen in Autorität, das auf Prinzipien reduzierte Denken schmolz jede ambivalente Empfindung ein. Ihm fehlte in allem das elementare Entsetzen, weil ihm die Einsicht in den Zusammenhang fehlt.

Er lebte sich ein, und ich frage mich, was das heißt. Er gewöhnte sich daran, er machte mit. [...] Es war ihm möglich, sich einzugewöhnen, weil Autorität ein Fixpunkt war, den er niemals in Frage stellte. Autorität war eine Gegebenheit, die er auf eine sehr subtile, kaum wahrnehmbare Art der Unterwerfung bestätigte. Er hatte – durch Verhalten und Wesensart – schon immer alles Mögliche bestätigt. Er hatte seinen Vater bestätigt, danach sein Vaterland und Verschiedenes mehr. (Er hätte sich in alles eingelebt, und selbst in eine blutige Diktatur; er hätte sich, erbittert, unterworfen und allenfalls die Methode des Blutvergießens, nicht aber das Blutvergießen selbst, kritisiert; wo Blut vergossen wurde, war auch ein Sinn; der Sinn des Blutvergießens war vor ihm da.) Er gewöhnte sich daran, er lebte sich ein, das war die Voraussetzung für den nächsten Schritt. Da war er schon fast imstand, Karriere zu machen. Ein weiterer Schritt: die militärische Mitbestimmung durch ihn. Das Kommandieren, schrieb er, mache ihm Spaß.

[...] Er sang und marschierte konform mit dem Deutschen Reich (durchaus nicht mit Hitler, SS und NS-Partei), er bejahte die gewaltsame Expansion. Er glaubte an den Triumph der deutschen Idee und empfand den Rückzug (das ABBRÖCKELN, wie er es nannte) als schmerzlichen Verlust für sich und die Heimat. Er gewöhnte sich ein im Hinblick auf eine Zukunft, die rechtmäßig, deutsch und für immer haltbar war. Er lebte sich ein in den Körper einer Idee. Er identifizierte sich für ein ganzes Leben.

[Auch nach dem Ende des Krieges und dem Offenbarwerden des ganzen Ausmaßes der NS-Verbrechen gelingt es dem Vater nicht, sich offen der Frage nach der eigenen Schuld und Verantwortung zu stellen.]

Sein Gewissen war angeschlagen. Die Frage nach deutscher Schuld ließ ihm keine Ruhe. Sie war nicht zu beantworten ohne die Preisgabe seiner mit Nachdruck behaupteten, persönlichen Rechtschaffenheit. Aber er gab seine Rechtschaffenheit nicht preis.

Mit Punktsiegen hoffte er über die Runden zu kommen.

Aus dem, was er sagte, war nicht zu erfahren, was er während der NS-Zeit getan und was er gedacht hatte. Seine Rolle im großen Zusammenhang wurde nicht deutlich. Was er erzählte, blieb anekdotisch: die Scheußlichkeiten des Krieges – IHR HABT KEINE AHNUNG! Wir hatten keine Ahnung und glaubten ihm. Er äußerte Abscheu über die deutschen Verbrechen, und es gab ein paar unklare Stellen in dem, was er sagte. Er schien der gerechten Empörung nicht sicher zu sein. Das persönliche Schuldempfinden und seine Verdrängung – sein Leben hing immer mehr von Verdrängungen ab – gab der Bewusstseinsmotorik täglich zu schuften.

[...] Seine Kriegserzählungen endeten in der

Behauptung, dass er sich durchweg TADELLOS VERHALTEN, dass er – zum Beispiel – seinen Vorgesetzten widersprochen habe. Dass er sich für Menschen eingesetzt und das Schlimmste häufig verhindert habe. Mehrmals erzählte er denselben Vorfall. Erinnerung an einen Militärtransport durch das besetze Polen. Der Zug hielt in der Nähe eines Dorfes, man drängte sich an die Fenster und sah in die Steppe. Frauen und Kinder standen bettelnd am Bahndamm und ließen sich die Soldatenwitze gefallen. Mein Vater warf ein Stück Brot (EINEN GRÖSSEREN KANTEN) in die Hände einer jungen Polin. Sie dankte ihm weinend und rannte ins Dorf.

Er sagte: Das war doch eigentlich ganz anständig von mir. Ich hätte das nicht zu machen brauchen.

Arbeitsanregungen

1. Stellen Sie dar, was Christoph Meckel dazu veranlasst, über seinen Vater zu schreiben.
2. a) Meckel unterscheidet in seinem Werk zwischen dem „Mensch[en], den ich kannte oder zu kennen glaubte“ (Z. 42 f.), und dem Menschen, „den keiner kannte“ (Z. 43 f.). Stellen Sie die Verhaltensweisen und Eigenschaften dieser beiden Menschen in einer Tabelle gegenüber.

Der Mensch, „den ich kannte oder zu kennen glaubte“	Der Mensch, „den keiner kannte“
- fährt mit seinem Sohn im offenen Wagen spazieren; vermittelt „Gefühl von Sicherheit und blindem Vertrauen“ (Z. 14 f.) - …	- wird immer mehr zum Soldaten - …

   b) Erläutern Sie, wie diese beiden unterschiedlichen Bilder ein und desselben Menschen zustande kommen.
3. Beschreiben Sie, wie der Vater nach dem Krieg mit der Frage nach Schuld und Verantwortung umgeht.

Uwe Timm

Am Beispiel meines Bruders
(2003) – Erster Auszug

*Uwe Timm (*1940)*

Erhoben werden – Lachen, Jubel, eine unbändige Freude – diese Empfindung begleitet die Erinnerung an ein Erlebnis, ein Bild, das erste, das sich mir eingeprägt hat, mit ihm beginnt für mich das Wissen von mir selbst, das Gedächtnis: Ich komme aus dem Garten in die Küche, wo die Erwachsenen stehen, meine Mutter, mein Vater, meine Schwester. Sie stehen da und sehen mich an. Sie werden etwas gesagt haben, woran ich mich nicht mehr erinnere, vielleicht: Schau mal, oder sie werden gefragt haben: Siehst du etwas? Und sie werden zu dem weißen Schrank geblickt haben, von dem mir später erzählt wurde, es sei ein Besenschrank gewesen. Dort, das hat sich als Bild mir genau eingeprägt, über dem Schrank, sind Haare zu sehen, blonde Haare. Dahinter hat sich jemand versteckt – und dann kommt er hervor, der Bruder, und hebt mich hoch. An sein Gesicht kann ich mich nicht erinnern, auch nicht an das, was er trug, wahrscheinlich Uniform, aber ganz deutlich ist diese Situation: Wie mich alle ansehen, wie ich das blonde Haar hinter dem Schrank entdecke, und dann dieses Gefühl, ich werde hochgehoben – ich schwebe.

Es ist die einzige Erinnerung an den 16 Jahre älteren Bruder, der einige Monate später, Ende September, in der Ukraine schwer verwundet wurde.

30.09.1943

Mein Lieber Papi
Leider bin ich am 19. schwer verwundet ich bekam ein Panzerbüchsenschuss durch beide Beine die die sie mir nun abgenommen haben. Dass rechte Bein haben sie unterm Knie abgenommen und dass linke Bein wurde am Oberschenkel abgenommen sehr große Schmerzen habe ich nicht mehr tröste die Mutti es geht alles vorbei in ein paar Wochen bin ich in Deutschland dann kanns Du Mich besuchem ich bin nicht waghalsig gewesen
Nun will ich schließen
Es Grüßt Dich und Mama, Uwe und alle
Dein Kurdel

Am 16.10.1943 um 20 Uhr starb er in dem Feldlazarett 623.

Abwesend und doch anwesend hat er mich durch meine Kindheit begleitet, in der Trauer der Mutter, den Zweifeln des Vaters, den Andeutungen zwischen den Eltern. Von ihm wurde erzählt, das waren kleine, immer ähnliche Situationen, die ihn als mutig und anständig auswiesen. Auch wenn nicht von ihm die Rede war, war er doch gegenwärtig, gegenwärtiger als andere Tote, durch Erzählungen, Fotos und in den Vergleichen des Vaters, die mich, den *Nachkömmling*, einbezogen.

Mehrmals habe ich den Versuch gemacht, über den Bruder zu schreiben. Aber es blieb jedes Mal bei dem Versuch. Ich las in seinen Feldpostbriefen und in dem Tagebuch, das er während seines Einsatzes in Russland geführt hat. Ein kleines Heft in einem hellbraunen Einband mit der Aufschrift *Notizen*.

Ich wollte die Eintragungen des Bruders mit dem Kriegstagebuch seiner Division, der *SS-Totenkopfdivision*, vergleichen, um so Genaueres und über seine Stichworte Hinausgehendes zu erfahren. Aber jedes Mal, wenn ich in das Tagebuch oder in die Briefe hineinlas, brach ich die Lektüre schon bald wieder ab. Ein ängstliches Zurückweichen, wie ich es als Kind von einem Märchen her kannte, der Geschichte von Ritter Blaubart. Die Mutter las mir abends die Märchen der Brüder Grimm vor, viele mehrmals, auch das Märchen von Blaubart, doch nur bei diesem mochte ich den Schluss nie hören. So unheimlich war es, wenn Blaubarts Frau nach dessen Abreise, trotz des Verbots, in das verschlossene Zimmer eindringen will. An der Stelle bat ich die Mutter, nicht weiterzulesen. Erst Jahre später, ich war schon erwachsen, habe ich das Märchen zu Ende gelesen.

Da schloss sie auf, und wie die Türe aufging, schwomm ihr ein Strom Blut entgegen, und an den Wänden herum sah sie tote Weiber hängen, und von einigen waren nur die Gerippe noch übrig. Sie erschrak so heftig, dass sie die Türe gleich wieder zuschlug, aber der Schlüssel sprang dabei heraus und fiel in das Blut. Geschwind hob sie ihn auf und wollte das Blut abwaschen, aber es war umsonst, wenn sie es auf der einen Seite abgewischt, kam es auf der anderen Seite wieder zum Vorschein.

Ein anderer Grund war die Mutter. Solange sie lebte, war es mir nicht möglich, über den Bruder zu schreiben. Ich hätte im Voraus gewusst, was sie auf meine Fragen geantwortet hätte. Tote soll man ruhen lassen. Erst als auch die Schwester gestorben war, die Letzte, die ihn kannte, war ich frei, über ihn zu schreiben, und frei meint, alle Fragen stellen zu können, auf nichts, auf niemanden Rücksicht nehmen zu müssen.

Arbeitsanregungen

1. a) Was bewegt den Erzähler dazu, über seinen Bruder zu schreiben? Stellen Sie Vermutungen an.
   b) Welche Widerstände, Ängste und Rücksichtnahmen standen einer Realisierung dieses Projekts lange Zeit entgegen? Gehen Sie in diesem Zusammenhang auch auf das Zitat aus dem Märchen „Blaubart" sowie auf die Rolle der Mutter und der Schwester ein.
2. Analysieren Sie den Brief des Bruders vom 30.09.1943 bezüglich der Frage, welche Intention er mit ihm verfolgt.

Uwe Timm

Am Beispiel meines Bruders
(2003) – Zweiter Auszug

Wie sah der Bruder sich selbst? Welche Empfindungen hatte er? Erkannte er etwas wie Täterschaft, Schuldigwerden, Unrecht?

[…] Im Tagebuch heißt es an einer Stelle: *Wir bauen die Öfen der Russenhäuser ab, zum Straßenbau.*
Offensichtlich wurden aus Holzhäusern die Steine der Öfen herausgebrochen, um damit die Straßen für die Lastwagen zu befestigen. Denn das zieht sich durch dieses Tagebuch: *Abfahrt, aber nach 500 m müssen wir zurück, Fahrzeuge kommen nicht durch den Schlamm. Alle 100 m muss geschoben werden. Straße wird schlechter kaum durchzukommen.*
Dieser Abbau bedeutete die Zerstörung der Häuser. Was haben die Menschen gesagt? Haben sie geweint? Verzweifelt versucht, den Deutschen klarzumachen, dass es entsetzlich war, im bevorstehenden Winter keinen Ofen zu haben?
Es wird von ihm niedergeschrieben, ohne auch nur einen Augenblick eine Verbindung zwischen den zerstörten Häusern in der Ukraine und den zerbombten Häusern in Hamburg zu sehen … *bloß die Sorgen an zu Hause bleiben dann, täglich werden hier Fliegerangriffe der Engländer gemeldet. Wenn der Sachs bloß den Mißt nachlassen würde. Das ist doch kein Krieg, das ist ja Mord an Frauen und Kinder – und das ist nicht human.*
Es ist schwer verständlich und nicht nachvollziehbar, wie Teilnahme und Mitgefühl im Angesicht des Leids ausgeblendet wurden, wie es zu dieser Trennung von human zu Hause und human hier, in Russland, kommt. Die Tötung von Zivilisten hier normaler Alltag, nicht einmal erwähnenswert, dort hingegen Mord.

[…] Fast alle haben weggesehen und geschwiegen, als die jüdischen Nachbarn abgeholt wurden und *einfach* verschwanden, und die meisten schwiegen abermals nach dem Krieg, als man erfuhr, wohin die Verschwundenen verschwunden waren.
In diesem Schweigen sieht Primo Levi[1] die tiefste Schuld der Deutschen. Dieses *Totschweigen* war schrecklicher als das langatmige Reden derjenigen, die sich mit dem Wir-haben-nichts-gewusst zu entschuldigen suchten. Letztere stießen den Jugendlichen ab – und meine Erinnerung daran ist genau –, wenn sie wie unter Rechtfertigungszwang – oft ungefragt – damit begannen, Gründe aufzuzählen, warum sie nichts gewusst haben konnten. Immerhin regte sich bei ihnen ein Gewissen, das daran mahnte: Man hätte etwas wissen können.
Es war nicht nur eine gekränkte, sondern auch eine kranke Generation, die ihr Trauma in einem lärmenden Wiederaufbau verdrängt hatte. Das Geschehen verschwand in den Stereotypen: Hitler, der Verbrecher. Die Sprache wurde nicht nur von den Tätern öffentlich missbraucht, sondern auch von denen, die von sich selbst sagten, *wir sind noch einmal davongekommen*. Sie erschlichen sich so eine Opferrolle.

1 **Primo Levi:** italienischer Schriftsteller und Chemiker; in dem autobiografischen Bericht „Ist das ein Mensch?" (1947) hat er seine Erfahrungen im KZ Auschwitz festgehalten

Arbeitsanregungen

1. a) „Wie sah der Bruder sich selbst? Welche Empfindungen hatte er? Erkannte er etwas wie Täterschaft, Schuldigwerden, Unrecht?" (Z. 1 ff.) Beantworten Sie diese Fragen – soweit möglich – mit Hilfe des vorliegenden Textauszugs.
   b) Stellen Sie dar, worin der Erzähler die Schuld einer ganzen Generation sieht.
2. Timm fügt in seinen Text immer wieder Sätze aus Feldpostbriefen und dem Fronttagebuch seines Bruders ein. Erläutern Sie deren Funktion.
3. Vergleichen Sie, wie in den Texten von Meckel und Timm die Frage nach der Schuld jeweils beurteilt wird.
4. a) Schreiben gegen das Vergessen: Diskutieren Sie, welche Funktion das Schreiben für die Vergangenheitsbewältigung haben kann.
   b) Erörtern Sie, ob bzw. inwiefern sich auch die Autorinnen und Autoren der jungen Generation in ihren Werken mit der Zeit von 1933–1945 auseinandersetzen sollten.

2 Leben in der DDR – vom sozialistischen Realismus bis zur Gegenwartsliteratur

Menschenschlange vor einer HO-Kaufhalle in Berlin Lichtenberg, 1985

Wegweiser auf der Transitstrecke Herleshausen – Drewitz

Punkkonzert in Berlin Prenzlauer Berg, 1985

FDJ-Aufmarsch beim Nationalen Jugendfestival 1979

Parade der Nationalen Volksarmee (NVA), 1. Mai 1975

Telefonabhöranlage der Staatsicherheit („Stasi")

Arbeitsanregungen

1. Stellen Sie auf Grundlage der obigen Fotos Vermutungen zum Lebensgefühl Jugendlicher in der DDR an. Berücksichtigen Sie bei Ihren Überlegungen den Infokasten „Leben in der DDR" auf S. 24 und recherchieren Sie ggf. im Internet zu den Begriffen in den Bildunterschriften, die Ihnen unbekannt sind.
2. Diskutieren Sie, inwiefern sich das Leben Jugendlicher in der DDR von dem Jugendlicher in der Bundesrepublik unterschied.

Information **Leben in der DDR**

Am 7. Oktober 1949 wurde auf dem Gebiet der sowjetischen Besatzungszone mit der **DDR** neben der Bundesrepublik ein zweiter deutscher Staat errichtet. Die **Sozialistische Einheitspartei Deutschlands (SED)** übte in ihm eine **Parteidiktatur** aus und bestimmte als alleinige Entscheidungsinstanz das Leben der Menschen in allen politischen, wirtschaftlichen und gesellschaftlichen Belangen.
Um das Ausbluten der DDR durch Abwanderung ihrer Bürgerinnen und Bürger nach Westberlin und Westdeutschland zu verhindern, ließ die Staatsführung der DDR am 13. August 1961 eine **Mauer um Westberlin** errichten, die nach und nach immer weiter ausgebaut wurde. Die **Grenze zwischen der DDR und der Bundesrepublik** wurde durch Grenzsicherungsanlagen mit Zaun, Patrouillen, vermintem Geländestreifen und Selbstschussanlagen gesichert. Westberliner konnten nur noch über so genannte **Transitstrecken** in die Bundesrepublik gelangen, DDR-Bürgern war dies gar nicht mehr möglich.
Wichtiges Instrument der Machtsicherung im SED-Staat war das **Ministerium für Staatssicherheit (MfS, „Stasi")**, der Inlands- und Auslandsgeheimdienst der DDR. Als „Schild und Schwert der Partei" kam ihm die Aufgabe zu, das private und öffentliche Leben der DDR-Bürger mit Hilfe eines flächendeckenden **Überwachungs- und Bespitzelungssystems** zu kontrollieren und gegen mögliche Oppositionelle und Regimekritiker durch Einschüchterung und Terror vorzugehen.
Um die Menschen in der DDR von ihrer Kindheit an an das herrschende System zu binden, wurde außerdem die **Mitgliedschaft in Massenorganisationen** propagiert. So waren die meisten Kinder ab dem Alter von sechs Jahren Mitglied in der **Pionierorganisation**, mit 14 Jahren wurden sie in die **Freie Deutsche Jugend (FDJ)** aufgenommen. Beide Institutionen verfolgten mit ihrer Jugendarbeit das Ziel, die Kinder und Jugendlichen zu staatstreuen Bürgern zu erziehen. Die Mitgliedschaft war zwar formal freiwillig; wer jedoch nicht mitmachte, musste mit Benachteiligungen rechnen.
Dieselbe ideologische Ausrichtung war auch für das **Schul- und Bildungssystem der DDR** charakteristisch. Der so genannte **polytechnische Unterricht** sollte die Schüler und Schülerinnen nicht nur theoretisch gut ausbilden, sondern sie auch mit den Prinzipien der Arbeit und der Lebensweise der arbeitenden Bevölkerung vertraut machen, um aus ihnen **„sozialistische Persönlichkeiten"** zu formen. Die Berufs- und Studienwahl wurde nicht den persönlichen Interessen des Einzelnen allein überlassen, sondern auch politisch gelenkt. Wer als junger Mann studieren wollte, musste sich zudem dazu verpflichten, zunächst über längere Zeit in der **Nationalen Volksarmee (NVA)** zu dienen.
Das Fehlen demokratischer Freiheiten und der im Vergleich zur Bundesrepublik niedrigere Lebensstandard sorgten in zunehmendem Maße für Unzufriedenheit in der DDR-Bevölkerung. Im Jahr 1989 kam es nach friedlichen Massenprotesten zum **Sturz des SED-Regimes**; am 3. Oktober 1990 erfolgte der **Beitritt der DDR zur Bundesrepublik**.

„Die Mauer […] wird in 50 und auch in 100 Jahren noch bestehen bleiben, wenn die dazu vorhandenen Gründe nicht beseitigt sind."

Erich Honecker, Staatsratsvorsitzender der DDR und Generalsekretär des Zentralkomitees der SED, in einer Rede am 19. Januar 1989, 294 Tage vor dem Fall der Mauer

2.1 DDR-Schriftsteller zwischen verordneter Kulturpolitik und Auflehnung

Information **Literatur und literarisches Leben in der DDR**

In der DDR versuchte der Staat von Anfang an, die Schriftsteller in den Dienst zum Aufbau einer sozialistischen Gesellschaft zu stellen und deklarierte ihr Schreiben in den 1950er-Jahren offiziell zur **Aufbauliteratur**. Das mit Veröffentlichungsverboten verbundene Bemühen der SED-Kulturbürokratie, die Schriftsteller nach sowjetischem Vorbild auf einen **sozialistischen Realismus** verbindlich festzulegen, führte zu ständigen Auseinandersetzungen und der Flucht vieler Autoren in den Westen. Leitende Prinzipien dieses verordneten Realismus waren: direkte Widerspiegelung der gesellschaftlichen Realität, Verständlichkeit der Literatur für jedermann, Darstellung einer positiven Zukunftsperspektive mit einem vorbildlichen Helden im Zentrum, Primat des Inhalts und Ablehnung aller Formexperimente als Formalismus und Subjektivismus.
Ab 1959 wurde mit dem **Bitterfelder Weg** eine neue Spielart des sozialistischen Realismus propagiert: Arbeiter sollten zum Schreiben motiviert und Schriftsteller zur Beschäftigung mit der Arbeitswelt angehalten werden.
Die Errichtung der Berliner Mauer 1961 führte zu einer widersprüchlichen kulturpolitischen Situation: Jüngere Autoren mussten sich nun erst recht mit der Begrenzung ihrer Freiheiten abfinden, andererseits klagten sie in den Texten der **Ankunftsliteratur** nun auch die Einlösung der von der Staatsregierung gemachten Versprechungen ein.
Eine kurzzeitige Veränderung im kulturellen Klima der DDR ergab sich Anfang der 1970er-Jahre mit der Ablösung von Walter Ulbricht durch Erich Honecker und der Annäherung der beiden deutschen Staaten durch die **„neue Ostpolitik“** Willy Brandts. Die SED verkündete nun die Möglichkeit einer kritischen Literatur, die aber vom realen Sozialismus auszugehen hatte. Diese vermeintlich liberale Phase fand mit der **Ausbürgerung von Wolf Biermann 1976** jedoch ein jähes Ende. Künstler, die sich mit Biermann solidarisierten, verließen gezwungenermaßen oder freiwillig die nun kulturell ausblutende DDR.
In den 1980er-Jahren bildete sich eine – teilweise von der Staatssicherheit unterwanderte – **kritische, halb private Literaturszene**, die sich unter anderem im Berliner Stadtteil Prenzlauer Berg ansiedelte.

Die Aula

Hermann Kant

Die Aula (1965)

Der erfolgreiche Journalist und frühere Elektriker Robert Iswall wird 1962 gebeten, anlässlich der Schließung seiner ehemaligen Lehranstalt, einer Arbeiter- und Bauern-Fakultät (ABF)[1], eine Festrede zu halten. Dieser Auftrag löst bei ihm nicht nur persönliche Erinnerungen an die eigene Studentenzeit an der ABF aus, sondern wird Anlass für einen grundsätzlichen Rückblick auf die Anfangsjahre der DDR und deren Anstrengungen, auch den unterprivilegierten Schichten Zugang zur Bildung zu eröffnen. Der folgende Romanauszug gibt einen inneren Monolog Iswalls wieder, in dem dieser eine fiktive Festrede entwirft.

Ganz schön, was wir hier vorzuzeigen haben. Einen Haufen gediegener Fachleute, der vor dreizehn Jahren noch ein Haufen verwirrter und unwissender Waisenknaben war. In diesem Saal befindet sich niemand, der nicht zu-

1 **Arbeiter- und Bauernfakultät (ABF):** An diesen Fakultäten sollten seit 1949 in der DDR Arbeiter und Bauern mit einer abgeschlossenen Berufsausbildung zum Abitur geführt werden, um im Anschluss daran studieren zu können. Dadurch sollten neue, staatstreue Führungskräfte ausgebildet werden.

mindest das Abitur hätte, aber vor dreizehn Jahren war für die meisten im Saal, die Lehrkräfte und die verehrungswürdigen Vertreter der Universität selbstredend ausgenommen, das Abitur ein Fremdwort, so hoch und so feierlich wie der Kölner Dom. Damals hat von dieser Stelle aus ein lieber alter Herr seine Zweifel kundgetan. Er hat uns freundlich gesagt: Geht nur fischen, liebe Kinder, doch nicht in meinem Wasser, denn das ist euch zu tief. Inzwischen schwimmen wir in allen Wassern und sind zu Gründen getaucht, die unerreichbar schienen. Man nannte uns witzig ABC-Studenten, aber jetzt kommt man zu uns – jedenfalls zu einigen unter uns, und wenn ich „uns" sage, dann meine ich immer „einige unter uns" – und bittet um die Übersetzung eines chinesischen Textes. Die medizinische Wissenschaft war uns eine Art Traummeile – nun, wir sind sie längst gelaufen. Da sitzt einer, der Landarbeiter war, und jetzt heißt eine neue Beißzange nach ihm. Die Zange – und das erst ist die Pointe – ist nicht zum Verdrahten einer Viehkoppel gedacht: Man öffnet Hirnschalen mit ihr, und auch in Melbourne und Montreal heißt sie nach dem Landarbeiter. […]

Und nun steht auf, ihr Tatsachen, und lasst euch sehen!

Irmgard Strauch, Verkäuferin – Studienrätin; Joachim Trimborn, Fischer – Chemiker; Rose Paal, Landarbeiterin – Sinologin; Vera Bilfert, Schneiderin – Augenärztin. Und nun die nächste Reihe, bitte: Uhrmacher – Diplom-Physiker; Frisör – Hochfrequenztechniker; Volkspolizist – Mitarbeiter ... Wie bitte, was war das für ein Beruf, der jetzige? ... Mitarbeiter, hm, Mitarbeiter im MfS ... im wo? ... im Ministerium für Staatssicherheit ... so, so, Mitarbeiter, ja? ... hm, Oberst, genau gesagt ... danke, der Nächste: Landarbeiter – Chirurg, Dr. med. habil., Verdienter Arzt des Volkes; Waldarbeiter – Angestellter ... Halt, schon wieder einer, der Zicken macht; was heißt hier Angestellter, das kannst du sagen, wenn du deinen Personalausweis verlängern lässt, Jakob Filter, und ich wette, in deinem jetzigen steht es so: Angestellter, und wahrscheinlich wird es auch noch drinstehen, wenn du Vorsitzender des Ministerrates geworden bist, aber hier musst du schon Farbe bekennen. Also, was für eine Art Angestellter und bei welcher Behörde? Lauter sprechen, laut und deutlich ... Hauptabteilungsleiter im Ministerium für Land- und Forstwesen, Diplom-Forstwirt.

Hermann Kant erhält den Kunst- und Literaturpreis des Freien Deutschen Gewerkschaftsbundes, 1963

Sehr gut! So, dann komm mal vor, Jakob Filter, setz dich hier in die erste Reihe, denn jetzt wird eine Rede auf dich gehalten, Festredner Iswall stimmt jetzt einen attischen Bienensang[2] auf dich an […]

Es war einmal dieser Jakob Filter, und er war der letzte Dreck. Er lebte tief im dunklen Hage, und viele Meilen weit wohnten nur Köhler und Wilddiebe und Hexen, und noch einmal viele Meilen weit wohnte Herr Lehmann. Herr Lehmann wohnte in einem prächtigen Schloss und manchmal war er auf Reisen. […] Herr Lehmann hätte eigentlich gar nicht so viel herumreisen müssen, denn es war alles geregelt und unter Vertrag, und er hatte überall seine braven Leute. Einer dieser braven Leute hieß Friedrich Filter, und der hatte einen Sohn, der hieß Jakob. Friedrich war Waldarbeiter, und auch Jakob wurde Waldarbeiter. Da war er vierzehn Jahre alt. Eine Lehrzeit braucht er nicht, denn alles, was man wissen musste, um es Herrn Lehmann recht zu machen, hatte er längst gelernt. Jakob konnte eine Säge führen, einen Keil einschlagen, eine Kette um einen Baumstamm schlingen und einen Waldbrand löschen, er konnte Beerensammler verscheuchen und Pilzdiebe verjagen, und er konnte vor Herrn Lehmann die Mütze schwenken. Er konnte auch ohne Uhr die Zeit ansagen und wusste, wo Norden und Osten war, und er wusste auch, warum sein Vater in den Krieg musste und warum dieser

2 **attischer Bienensang:** in einem altgriechischen Dialekt verfasster Lobgesang; hier ironisch gemeint

Krieg war: weil die Russen ein Auge hatten auf das, was rechtens Herrn Lehmann gehörte. Wie wahr dies war, zeigte sich, als der Krieg zu Ende ging, denn da kamen diese Russen und zogen in Herrn Lehmanns Schloss und tranken Herrn Lehmanns Wein und wollten Herrn Lehmanns Holz. Da war Jakob Filter schon siebzehn Jahre alt, und als einer kam und sagte, die Arbeit sei von nun an eine Sache des Ruhmes und der Ehre, da lachte Jakob Filter sehr erwachsen. Die Arbeit blieb schwer, und der Wald wurde kahl, und das war unter Herrn Lehmann nicht vorgekommen. Wen wundert das, sagten die Leute, kein Lehmann ist nicht mehr, und kein Staat ist auch nicht mehr, und der Förster darf nicht einmal eine Vogelflinte haben, wen wundert das, wenn der Wald hingeht wie unterm Feuer, wenn keiner mehr da ist, der sagt, wie man umgehen muss mit einem Wald. Und der Förster, der vorher ein Waldarbeiter gewesen war, aber viel älter noch als Jakobs Vater, der sagte: Es müssten welche sein, die es lernten, und im Kreisarchiv haben sie gesagt, wer einen weiß, der es lernen kann, der soll es melden. Da habe ich den Jakob Filter gemeldet, denn einen anderen weiß ich nicht, und er ist der Einzige im richtigen Alter. Da war aber Jakob Filter schon einundzwanzig Jahre alt, und eine Schule hatte er schon sieben Jahre nicht mehr gesehen. Und Jakob weigerte sich und tat es mit ungeschickten Worten. Aber die anderen sagten: Uns kommst du nicht aus, denn sie haben hier eine neue Erfindung gemacht, mit der man einen jeden überreden kann, auch wenn er nicht will, und sie nennen es: delegieren. Wir delegieren dich, und dann stehst du da, denn hier ist Demokratie. Da kam Jakob Filter vor die Aufnahmekommission, und als er merkte, dass sie sein Wissen prüften, fasste er neue Hoffnung, denn er hatte keines. Aber er ging ihnen doch in die Falle, denn sie fragten ihn auch nach seiner Arbeit und nach dem Wald und hatten keine Ahnung, sodass er ihnen alles genau erklären musste. So fingen sie ihn denn, und im Oktober neunundvierzig schenkte ihm der Förster seinen Lodenmantel und die anderen Waldarbeiter lachten sich ins Fäustchen, weil er ihr Delegierter war. Drei Jahre lang musste Jakob Filter Dinge lernen, die fast alle nichts mit dem Wald zu tun hatten, und dann musste er noch einmal vier Jahre lang lauter Dinge lernen, von denen es hieß, sie hätten mit dem Wald zu tun,

Willi Sitte: Chemiearbeiter am Schaltpult (1968)

aber es war ein nur gedachter Wald, ein sozusagen wissenschaftlicher Wald, und als diese sieben Jahre vergangen waren, da sagte Jakob Filter: So, nun lasst mich heim in meinen richtigen Wald, der schon gar keiner mehr ist, aber ich will wieder einen aus ihm machen, denn dazu bin ich hierhergekommen, und ich weiß jetzt, wie man es macht. Jedoch nun sagten seine Lehrherrn, sie hätten ihn nicht all die Wissenschaft gelehrt, damit er fortan Stückwerk treibe, Herrn Lehmanns einstiger Wald sei nicht der ganze Wald, und sie wollten wissen, wie es mit Jakob Filters Bewusstsein stehe. […]

Da ist Jakob Filter ein Angestellter geworden im Ministerium für Land und Forst, und wenn sie im Radio gespielt haben „Im Wald und auf der Heide, da such ich meine Freude!“, dann hat er das Radio abgedreht. Manchmal ist er aber doch in den Wald gefahren, aber nicht, um Freude zu suchen und als eine Jägersmann, halihala, halihalo, sondern um den Boden zu prüfen und den Einschlag auf seine wissenschaftliche Verträglichkeit und den Schädlingsbefall und die Aufforstung und den

Brandschutz, und wenn er gekommen ist, dann haben die Waldarbeiter gesagt: Oho, jetzt kommt die Staatsmacht! Und geklungen hat es wie: Sieh da, der neue Herr Lehmann! Es hat auch nichts genützt, dass er ihnen seine Hände gezeigt hat. Sie haben sie gesehen und gesagt, ja, das wollten sie schon glauben, mit denen habe er einmal gearbeitet, aber nun sei er einer von Oben, und Oben bleibe immer Oben, was für Hände einer da auch haben möge. Da ist Jakob Filter wieder in sein Amt gefahren und hat sich schier den Kopf zerbrochen: um den Wald und um die Arbeiter darin und darüber, wie man den Herrn Lehman herauskriegt aus dem Oben. Er ist aber auf nichts anderes gekommen als auf Arbeit, und weil er sie gut und genau machen wollte, ist er, sooft es nur ging, in den Wald gefahren und hat seine Pläne vorgezeigt und seine Berechnungen und hat hundert Sachen gefragt, und wenn man ihm dort gesagt hat, das da geht nicht, dann hat er gefragt, warum, und er hat gestritten und gemessen und bewiesen und sich belehren lassen, und manchmal hat er seine Pläne geändert, was sich leicht anhört und sehr schwer war, und manchmal hat er seine Pläne durchgesetzt im Wald, was sich auch leicht anhört und auch schwer war, und ganz langsam hat der Wald zu wachsen angefangen, und ganz langsam ist der Herr Lehmann gestorben, und wie sehr er gestorben ist, hat man daran sehen können, dass die Arbeiter im Wald dem Jakob Filter von ihrem Rauchzeug angeboten haben, und beim Herrn Lehmann ist es immer nur umgekehrt gewesen, aber mehr noch hat man es daran gesehen, dass sie im Wald, wenn es Streit gegeben hat, gesagt haben: Das schreiben wir nach Oben!, und dass es dann geklungen hat wie: Das schreiben wir Jakob Filter.

Gelobt seiet ihr alle, ihr meine nunmehr gelehrten Freunde, gelobt sei aber vor euch allen Jakob Filter, der Hauptabteilungsleiter in einem Ministerium, der vor dreizehn Jahren noch Löffel mit einem f geschrieben hat und inzwischen erreichte, dass ein paar hundert Arbeiter in Herrn Lehmanns und in anderer Lehmanns ehemaligen Wäldern das Wort Staatsmacht wie den Namen Jakob Filter buchstabieren: Jakob Filter, Angestellter, Hauptabteilungsleiter, Diplom-Forstwirt und ehemaliger Waldarbeiter.

Arbeitsanregungen

1. Lesen Sie den ersten Absatz des Romanauszugs und erläutern Sie, welche Intention Robert Iswall mit diesem Teil seiner Rede verfolgt.
2. a) Iswall zählt die früheren und heutigen Berufe zahlreicher ABF-Studenten auf. Erläutern Sie die Funktion dieser Aufzählung.
   b) Erklären Sie Iswalls Reaktion auf die Aussage eines ehemaligen Studenten, dass er nun Mitarbeiter des Ministeriums für Staatssicherheit sei.
3. a) Untersuchen Sie die Darstellung des Lebenslaufs Jakob Filters durch Robert Iswall. Halten Sie fest, welche Tätigkeiten Filter jeweils ausübt, wie er sich dabei zu fühlen scheint und wie Iswall oder andere diese Tätigkeiten beurteilen. Halten Sie Ihre Arbeitsergebnisse in einer Tabelle fest.

Alter	**Tätigkeit**	**Gefühle**	**Beurteilung**
14 Jahre	...	...	...
...	...	...	...

   b) Zeigen sie, inwiefern Hermann Kant durch Iswalls fiktive Rede über Jakob Filter z.T. auch Kritik am System der DDR übt, diese Kritik jedoch sogleich wieder relativiert bzw. zurücknimmt.
4. Erläutern Sie, inwiefern es sich bei „Die Aula“ um ein Werk des sozialistischen Realismus handelt (► Information, S.25). Berücksichtigen Sie dabei Inhalt und Form des Textes. Stützen Sie Ihre Aussagen nach Möglichkeit durch konkrete Textbelege.
5. Das Gemälde „Chemiearbeiter am Schaltpult“ des DDR-Künstlers Willi Sitte (► S.27) ist ein typisches Beispiel für den sozialistischen Realismus aus dem Bereich der Malerei. Stellen Sie Gemeinsamkeiten zwischen der Kunst und der Literatur des sozialistischen Realismus dar.

Die wunderbaren Jahre

Reiner Kunze (*1933), ein damals in der DDR lebender Schriftsteller, verfasste in den 1970er-Jahren mehrere kurze Prosatexte, die 1976 unter dem Titel „Die wunderbaren Jahre" in der Bundesrepublik veröffentlicht wurden. Gemeinsames Thema dieser Erzählungen, die aus Gesprächen mit Schülern, Lehrlingen, Arbeitern und Soldaten der Nationalen Volksarmee entstanden, ist die Lebenssituation Jugendlicher in der DDR. Die Veröffentlichung dieser Texte im Westen führte dazu, dass Kunze aus dem DDR-Schriftstellerverband ausgeschlossen wurde.

Reiner Kunze

Die wunderbaren Jahre
(1976)

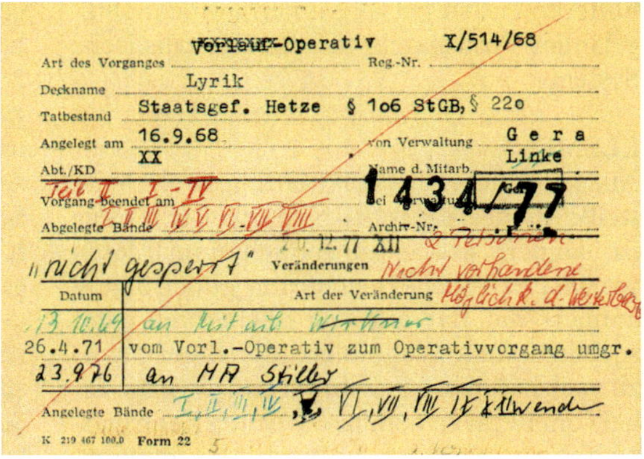
Vorlauf-Operativ X/514/68
Art des Vorganges ... Reg.-Nr.
Deckname: Lyrik
Tatbestand: Staatsgef. Hetze § 1o6 StGB, § 22o
Angelegt am: 16.9.68 von Verwaltung: Gera
Abt./KD: XX Name d. Mitarb.: Linke
Vorgang beendet am: Teil I I – IV
Abgelegte Bände: I II III IV V VI – VII VIII Archiv-Nr.: 1434/77
20.12.77 XII 2 Personen
„nicht gesperrt" Veränderungen: Nicht vorhandene Möglichk. d. Werbung

Datum	Art der Veränderung
13.10.69	an Mitarb. Wittner
26.4.71	vom Vorl.-Operativ zum Operativvorgang umgr.
23.9.76	an MA Stiller

Angelegte Bände: I, II, III, IV, V, VI, VII, VIII, IX, X Wende

K 219 467 100.0 Form 22

Karteikarte der Staatssicherheit („Stasi") zur Dokumentation der Bespitzelung von Reiner Kunze und dessen Frau

ELFJÄHRIGER

„Ich bin in den Gruppenrat gewählt worden", sagt der Junge und spießt Schinkenwürfel auf die Gabel. Der Mann, der das Essen für ihn bestellt hat, schweigt.

„Ich bin verantwortlich für sozialistische Wehrerziehung", sagt der Junge.

„Wofür?"

„Für sozialistische Wehrerziehung." Er saugt Makkaroni von der Unterlippe.

„Und was mußt du da tun?"

„Ich bereite Manöver vor und so weiter."

SCHIESSBEFEHL

Ich fahre zum Vater, sagt er, nimmt das Motorrad, und ich denke, warum kommt er denn nicht wieder, wo der bloß bleibt, langsam werde ich unruhig, da kommen die und sagen, ich soll nach P… kommen, er hat über die Grenze gewollt, und sie haben ihn erwischt. Also bin ich mit dem nächsten Zug nach P… gefahren, er hat schon gestanden, sagen sie, und als ich mich nicht mehr beherrschen konnte und mir die Tränen kamen, haben sie gesagt, machen Sie sich keine Sorgen, gute Frau, Ihr Gerhard lebt, er hat gut gegessen, und jetzt schläft er. Und wenn's während der Armeezeit gewesen wäre, wär's schlimmer. Er hatte doch gerade erst seinen Facharbeiter mit Abitur gemacht, und am Montag sollte er einrücken … Und dann, am Montagnachmittag, kommen die von hier und sagen, ich soll am Dienstag nach P… kommen. Ich backe einen Kuchen, kaufe ein, und dann sagen sie mir in P …, ob ich denn nicht wüßte, ob denn unsere nichts gesagt hätten, er hat sich erhängt. Mit der Unterhose. Und sie hätten ihm einen Zettel gegeben, ob er mir nicht ein paar Worte schreiben wollte, aber er hätte abgelehnt. Wie er mir das hat antun können … Und sehen darf ich ihn nicht, nur noch kurz vor der Feier, die im Gefängnis stattfindet. Aushändigen können sie mir nur die Urne.

DRAHT

Sie bedauert es, nicht an einer Sehstörung zu leiden. Wenn sie an einer Sehstörung litte, könnte sie eine Nickelbrille tragen. Die Eltern eines Schülers, der in der Schule eine Nickelbrille getragen hatte, sind verwarnt worden. Nickelbrillen seien imperialistischer Modeeinfluß, Dekadenz. Zum Beweis hatte der Klassenlehrer Bilder aus einer Westillustrierten vorgelegt, die langhaarige männliche Nickelbrillenträger zeigten.

An dem Morgen, an dem sie mit Nickelbrille zur Schule gehen könnte, würde sie gern gehen. Ihr Urgroßvater trug eine Nickelbrille. Er war Bergarbeiter. Zum Beweis würde sie die Fotos hinblättern.

MITSCHÜLER

Sie fand, die Massen, also ihre Freunde, müßten unbedingt die farbige Ansichtskarte sehen, die sie aus Japan bekommen hatte: Tokioter Geschäftsstraße am Abend. Sie nahm die Karte mit in die Schule, und die Massen ließen beim Anblick des Exoten kleine Kaugummiblasen zwischen den Zähnen zerplatzen. In der Pause erteilte ihr der Klassenlehrer einen Verweis. Einer ihrer Mitschüler hatte ihm hinterbracht, sie betreibe innerhalb des Schulgeländes Propaganda für das kapitalistische System.

ELEMENT

Auf sein Bücherbrett im Lehrlingswohnheim stellte Michael die Bibel. Nicht, weil er gläubig ist, sondern weil er sie endlich einmal lesen wollte. Der Erzieher machte ihn jedoch darauf aufmerksam, daß auf dem Bücherbrett eines sozialistischen Wohnheims die Bibel nichts zu suchen habe. Michel weigerte sich, die Bibel vom Regal zu nehmen. Welches Lehrlingswohnheim nicht sozialistisch sei, fragte er, und da in einem sozialistischen Staat jedes Lehrlingswohnheim sozialistisch ist und es nicht zu den Obliegenheiten der Kirche gehört, Chemiefacharbeiter mit Abitur auszubilden, folgerte er, daß, wenn der Erzieher recht behalte, in einem sozialistischen Staat niemand Chemiefacharbeiter mit Abitur werden könne, der darauf besteht, im Wohnheim auf sein Bücherbrett die Bibel stellen zu dürfen. Diese Logik, vorgetragen hinter dem Schild der Lessing-Medaille, die Michael am Ende der zehnten Klasse verliehen bekommen hatte (Durchschnittsnote Einskommanull), führte ihn steil unter die Augen des Direktors: Die Bibel verschwand, und Michael dachte weiterhin logisch. Die Lehrerin für Staatsbürgerkunde aber begann, ihn als eines jener Elemente zu klassifizieren, die in Mendelejews[1] Periodischem System nicht vorgesehen sind und durch das Adjektiv „unsicher“ näher bestimmt werden.

HANDSCHELLEN

„Ich war nur vier Monate inhaftiert, dann kam die Amnestie“, sagte S., Pfleger in einer thüringischen Heilanstalt. „Ich hatte Flugblätter gegen den Einmarsch in die Tschechoslowakei hergestellt und in der Nacht vom 25. zum 26. August an Bäume und Klingelbretter gezweckt. Ungefähr acht. Aber ich hatte noch mehr. Den Text weiß ich nicht mehr genau. Am Schluß hieß es: Bürger, erwacht! ... Schlecht bin ich während der Haft nicht behandelt worden. Nur vor dem Untersuchungsgefängnis haben sie mich an den Haaren aus dem Auto gezogen ... Und dann mußte ich nackt vor den Polizisten stehen und die Anstaltsordnung lesen ... Einmal haben die Schließer mit mir Fangball gespielt – das heißt, ich war der Ball. Da wird man von einem zum anderen gestoßen, und manche stehen so, daß man sie nicht sieht; dann denkt man, man stürzt. Hinterher zittern einem ganz schön die Knie ... Zur Verhandlung bin ich in Handschellen und unter zwei Mann Bewachung über den Gefängnishof geführt worden. Das Urteil lautete auf anderthalb Jahre Jugendgefängnis. Das ist nicht Werkhof, sondern schärfer. Aber in der Begründung hieß es, das Gericht habe mein Alter berücksichtigt, und deshalb sie die Strafe so mild ausgefallen. Ich war fünfzehn.“ **R**

1 **Dmitri I. Mendelejew (1834–1907):** russischer Chemiker, der eine Systematik der chemischen Elemente erarbeitete

Arbeitsanregungen

1. Notieren Sie Ihre Assoziationen zum Titel „Die wunderbaren Jahre“.
2. Erstellen Sie eine Mindmap, in der Sie die Aspekte des Lebens Jugendlicher in der DDR, von denen Kunze erzählt, strukturiert darstellen. Ordnende Gesichtspunkte könnten sein: Erfahrungen mit Lehrern/Erziehern, Wehrerziehung, Protest, Umgang mit unangepasstem Verhalten ...
3. a) Vergleichen Sie Ihre Assoziationen zum Titel mit Ihren Arbeitsergebnissen aus Aufgabe 2.
   b) Erläutern Sie die Funktion des Titels. Berücksichtigen Sie dabei auch das rhetorische Mittel der Ironie.
4. Stellen Sie Vermutungen an, warum Kunze nach dem Erscheinen seines Prosabandes 1976 in der Bundesrepublik aus dem Schriftstellerverband der DDR ausgeschlossen wurde. Berücksichtigen Sie bei Ihren Überlegungen den Infokasten „ Literatur und literarisches Leben in der DDR“ auf S. 25.

2.2 Rückblicke auf die Schulzeit in der DDR – Literatur der Gegenwart

Auch nach 1989 bleibt das Alltagsleben DDR-Jugendlicher Thema in der Literatur. So erzählt Christoph Hein in seinem Roman „Von allem Anfang an“ (1997) von den Erlebnissen des Pfarrerssohns Daniel in den Anfangsjahren der DDR. Der Prozess des Heranwachsens eines Jugendlichen in der DDR wird dabei überzeugend in den gesellschaftlichen Kontext eingebettet.

Christoph Hein

Von allem Anfang an (1997)

Gemeinsam mit seinen Eltern besucht der Ich-Erzähler Daniel im November 1956 seinen älteren Bruder David in Westberlin. Beim Kaffeetrinken am Ku'damm erfahren sie aus einer Leuchtschrift, dass russische Panzer und Bomber den ungarischen Volksaufstand, bei dem die Menschen mehr demokratische Freiheiten forderten, blutig niedergeschlagen haben.

*Christoph Hein (*1944)*

Im Unterricht erzählte ich nichts von der Leuchtschrift. Die Nachrichten, die ich dort gelesen hatte, kannten meine Freunde bereits aus dem Radio, von den Nachrichten der Westsender. Auch in unseren Zeitungen wurde darüber berichtet, aber die Meldungen auf der Leuchtschrift klangen viel spannender. Bei uns stand nicht, dass ungarische Patrioten mit einfachen Gewehren gegen Panzer vorgegangen sind, und von Verhaftungen und von Menschen, die in Botschaften fliehen, war ebenfalls nichts zu finden. Die Regierung und ungarische Patrioten, hieß es, hätten die Sowjetunion um militärischen Beistand gebeten, weil Banditen und illegal eingereiste Feinde aus dem Ausland die rechtmäßig gewählten Volksvertreter bedrohten und die Errungenschaften des werktätigen Volkes und der sozialistischen Ordnung zerstören wollten. Einige Mädchen in der Klasse weinten, als die Lehrerin uns Fotos zeigte, auf denen Menschen zu sehen waren, die einen älteren Mann an einer Brücke aufhängten. Auf einem anderen Foto baumelten ein Mann und eine Frau an einer Laterne und Zivilisten mit Gewehren über der Schulter versuchten eine andrängende Menge zurückzuschieben. An der Brust des Mannes, der an der Laterne hing, war ein Schild befestigt mit einer Aufschrift, die wir nicht lesen konnten. Die Klassenlehrerin wollte mit uns ein Gespräch darüber führen, aber die meisten Mitschüler wollten sich nicht äußern. Nur drei Mädchen meldeten sich und sagten, wie sehr sie die Konterrevolution[1] in Ungarn verabscheuten und wie froh sie seien, dass die Sowjetunion wieder zur Hilfe bereit sei wie damals gegen die deutschen Faschisten. Einige dachten so wie ich, aber alle Übrigen interessierten sich nicht für Politik und waren nur froh, dass nicht nach den Hausaufgaben gefragt wurde.

Die Lehrerin wollte das aktuelle Thema beenden und zum regulären Schulstoff übergehen, als sich Lucie meldete und mich aufforderte, etwas zu sagen. Sie erzählte der Lehrerin, dass ich am Sonntag in Westberlin gewesen sei und auf dem Schulhof die feindliche Propaganda verbreitet habe.

Lucie war unsere Klassenbeste und sie war das schönste Mädchen unserer Klasse. Ich wäre gern mit ihr befreundet gewesen. Jeder Junge aus meiner Klasse wollte mit ihr befreundet sein, aber sie gab sich nicht mit Jungen ab. Manchmal behauptete zwar einer, er sei mit ihr ins Kino oder an den Fluss gegangen, aber wir wussten alle, dass das bei Lucie nichts be-

1 **Konterrevolution:** Gegenrevolution

deutete und dass der Junge nur angeben wollte. Lucie war streng katholisch. Ich sah sie jeden Sonntag, bevor ich in die Kirche gehen musste. Sie kam dann mit ihren Eltern aus der Messe und ging an unserem Haus vorbei. […]
Ich war überrascht, als Lucie mich aufforderte, von Westberlin zu erzählen. Ich ahnte sofort, dass es für mich Ärger geben würde, aber ich war ihr nicht böse. Ihr war nie jemand böse. Ich stand auf und berichtete stockend von der Fahrt nach Westberlin und von der Leuchtschrift. Ich bemühte mich, vor allem die Technik einer solchen Schriftkette zu erläutern, zumal die meisten Mitschüler sich daran interessierter zeigten als an den politischen Meldungen, aber auch weil ich annahm, dass die Schlagzeilen, die ich dort gelesen hatte, bei der Lehrerin nicht auf Zustimmung treffen würden. Die Lehrerin unterbrach mich bald, sie sagte, dass sie sich mit mir nicht über eine technische Spielerei unterhalten wolle, dafür sei die internationale Lage viel zu ernst. Dann redete sie über Ungarn und darüber, dass dumme und naive Menschen wie ich auf die feindliche Propaganda hereinfielen, wenn sie aus einem Elternhaus kämen, das politisch indifferent[2] sei und in dem man nicht als Staatsbürger geschult werde. Während sie sprach, musste ich neben der Bank stehen bleiben. Mit gesenktem Kopf hörte ich mir ihre Strafpredigt an. Ich setzte mich erst, als sie mich dazu aufforderte.
In der Pause ging ich zu Lucie. Sie stand mit Kristin und drei Freundinnen aus der Parallelklasse zusammen. Ich sagte, dass ich sie sprechen müsse. Sie wandte sich zu mir und sagte freundlich: „Ja bitte."
„Ich muss dich allein sprechen", sagte ich.

2 **indifferent:** unbestimmt; gleichgültig, teilnahmslos

„Was ich sage, kann jeder hören", sagte sie, „und du musst dir angewöhnen, offen zu sprechen und keine Geheimnisse zu haben. Es gibt einen, der sowieso alles hört."
Wenn es nicht Lucie gewesen wäre, hätte ich gefragt, ob sie den Schuldirektor meine oder Herrn Greschke, unseren Geschichtslehrer, aber so schluckte ich nur und sagte, ich fände es von ihr nicht richtig, dass sie das von Westberlin der Lehrerin erzählt habe.
„Und warum nicht?", erkundigte sie sich erstaunt. Sie sah ihre Freundinnen an und schüttelte empört den Kopf. Ich war verwirrt und konnte nur wiederholen, dass ich es gemein von ihr fand.
„Aber warum denn, Daniel?", fragte sie eindringlich. „Kannst du mir das erklären?"
„Weil ich, bei Gott im Himmel, Ärger kriege, verflucht noch mal."
Ich drehte mich um und ging zu den Jungen. Das mit Gott im Himmel hatte ich gesagt, um sie zu reizen. Wie mein Vater konnte sie es nicht leiden, wenn man den Namen Gottes in einer Redewendung oder einem Fluch nannte.
Bei den Gruppennachmittagen der Pioniere sprach man sicher manchmal über Gott. Die Pioniere wurden darüber aufgeklärt, dass Religion Opium für das Volk[3] und Gott eine menschliche Erfindung sei, um die Menschen in einem irdischen Jammertal zu trösten und damit sie die Ausbeutung durch die herrschende Klasse geduldig hinnähmen. Ich wusste nicht, wie sich Lucie bei diesen Gesprächen am Pioniernachmittag verhielt.

3 **„Religion ist Opium für das Volk":** Parole des kommunistischen Politikers und Theoretikers Wladimir Iljitsch Lenin (1870–1924), der als Begründer der Sowjetunion gilt

Arbeitsanregungen

1. a) Vergleichen Sie anhand des Romanauszugs die Darstellung der Ereignisse des Ungarnaufstands im Westen und im Schulunterricht der DDR. Erklären Sie Gemeinsamkeiten und Unterschiede.
   b) „Einige dachten so wie ich […]." (Z. 37 f.) Erläutern Sie, was der Ich-Erzähler damit meint.
2. Beschreiben Sie das Verhältnis zwischen Lucie und Daniel. Warum fordert sie ihn auf, von Westberlin zu erzählen? Warum ist er ihr nicht böse?
3. Erläutern Sie die Reaktion der Lehrerin auf Daniels Bericht über seine Erlebnisse in Westberlin.
4. a) Untersuchen Sie die Erzählstrategie des Textes. Achten Sie dabei vor allem auf die Erzählform und das Erzählverhalten (▶ Methodenbaustein, S. 17).
   b) Erläutern Sie die Wirkung der Erzählstrategie.

Uwe Tellkamps Roman „Der Turm“ (2008) beschreibt das Leben der bildungsbürgerlichen Bewohner eines Dresdner Villenviertels in den letzten sieben Jahren der DDR bis zum Mauerfall. Eine zentrale Figur des Romans ist der Arztsohn Christian Hoffmann. Christian, zu Beginn der Romanhandlung 17 Jahre alt und Schüler einer EOS (Erweiterte Oberschule), will Medizin studieren. Voraussetzung hierfür ist nicht nur ein sehr gutes Abitur, sondern auch die Bereitschaft, sich für den Sozialismus aktiv zu engagieren.

Uwe Tellkamp

Der Turm (2008)

An einem Dienstag Ende März gingen die Geschichtsarbeiten an die 11/2 zurück. *[Das Thema der Geschichtsarbeit hatte gelautet: „Woran ist die Gesetzmäßigkeit des Siegs des Sozialismus über den Kapitalismus zu erkennen? Stützen Sie Ihre Argumentation auf den Marx’schen Geschichtsbegriff.“]* Herr Schnürchel mäanderte durch die Klasse, teilte die Papiere aus, gab knappe Kommentare: „Swetlana, sauberer Klassenstandpunkt[1], sehr gute Ableitung, Eins“; „Siegbert, das Gothaer Programm[2] mit dem Anti-Dühring[3] verwechselt, noch Drei“; „Christian“, und Schnürchels Augen hefteten sich auf ihn, sodass er das Gefühl hatte, von Schnürchels Schneidbrennerblick aufgetrennt zu werden, „– zu viele Phrasen, aber den Marx’schen Geschichtsbegriff gut herausgearbeitet, Zwei minus“, dann setzte er sich, flocht die Finger ineinander und betrachtete das übriggebliebene Blatt. Christian sah aus dem Fenster, um Schnürchels Profil im Sichtfeld zu haben und gleichzeitig Blickkontakt zu vermeiden; Heike Fieber spielte mit ihrem wuscheligen Haar, Reina Kossmann hatte die Hände auf den Tisch gelegt, hielt die Schultern hochgezogen, ihr Gesicht und Verenas zwei helle Flecken im Licht, das von den Neonröhren klumpte zu dieser noch dunstigen Morgenstunde, die wahrscheinlich zu einem sonnigen Tag aufklaren würde. Schnürchels Stimme zuckte auf und schien Verena körperlich zu treffen, sanft wie eine Eidechsenzunge: „Warum haben Sie mir nicht gesagt, dass Sie sich unwohl gefühlt haben?“

„Ich ... habe mich nicht unwohl gefühlt.“

„Nein.“ Schnürchel nickte, als hätte er diese Antwort erwartet, aber weder Befriedigung noch Ärger konnte Christian auf seinem Gesicht erkennen. „Wenn es etwas gibt, das Sie mir sagen müssen –“

Die ganze Klasse schien sich um Verenas Platz zu ballen, ein Chor aus intensivem Schweigen, der Was wird passieren? nicht auszusprechen wagte, geduckt jetzt in Erwartung eines Schlages, angespannt, um ihm die Wucht zu nehmen. Christian hörte plötzlich Onkel Niklas’ Stimme: Alles muss man sich leisten können, in diesem Land, sah ihn, wie er sich bedächtig umwandte im Musikzimmer des Hauses Abendstern, und am Kaffee nippte. Das Wort blieb hängen, arbeitete weiter, kam als greller, böser Gedanke wieder, der sich festnistete, als Verenas Gesicht keine Unruhe zeigte, nur bleicher war als sonst, was auch am Neonlicht liegen konnte; ihr Kohlenblick wach, beinahe kalt, in dem von Schnürchel. Konnte sie es sich leisten? Nein, das war absurd. Dann wäre ihr Verhalten einer Aufdeckung gleichgekommen, und daran konnten

Walter Womacka: Unser Leben – Mosaikfries am Haus des Lehrers (1964, Berlin, Alexanderplatz, Ausschnitt)

1 **Klassenstandpunkt:** In der DDR vertrat man einen klaren Klassenstandpunkt, wenn man an die Werte des Sozialismus glaubte und an deren Umsetzung arbeitete.
2 **Gothaer Programm:** wurde bei der Vereinigung der Sozialdemokratischen Arbeiterpartei (SDAP) mit dem Allgemeinen Deutschen Arbeiterverein (ADAV) im Mai 1875 vereinbart
3 **Anti-Dühring:** eine von Friedrich Engels (1825–1895) ab 1877 veröffentlichte Streitschrift, die zu den einflussreichsten Texten des Marxismus zählt

Jene kein Interesse haben, ebenso wenig wie an Dummheit. […]

Verena eine Informantin … Sein Blick suchte ihren, er musste sie entsetzt angesehen haben, ihre Augen glitten ab.

„Vielleicht wollen Sie es mir nachher sagen." Schnürchel sprach nun bestimmt und abschließend. Seine Ringelsocken, dachte Christian, die übereinandergelegten Füße – gar nicht komisch.

„Ich habe mich nicht unwohl gefühlt." Verenas Stimme war schartig, sie musste sich räuspern.

„Verena." Diesmal antwortete Schnürchel schnell, Christian spürte die Überraschung in der Klasse bei diesem Ton verhaltener Wärme. „Dann muss ich eine FDJ-Leitungssitzung einberufen und den Klassenlehrer informieren." Verena schwieg, und Christian verstand sie nicht, wandte den Kopf zur Tür und flüsterte „Warum, warum?" mit einer nutzlosen Intensität. Das Misstrauen stach wieder auf, und er glaubte es auch auf Jens Ansorges Zügen lesen zu können, auf Siegbert Fügers dünnem Lächeln, Reina Kossmanns jetzt kalkweißem Gesicht.

Die FDJ-Leitungssitzung wurde für fünfzehn Uhr, nach der letzten Unterrichtsstunde, anberaumt, im Russischzimmer unter Sputnik[4]- und Pionierlager Artek[5]-Wandtafeln, Patenbriefen der befreundeten Komsomol-Organisation[6] und einer Maxim-Gorki[7]-Büste aus Gips. Der Rest der Klasse wartete draußen.

Tagesordnung, Schriftführung – Falk Truschler nahm Stift und Papier –, Dr. Franks sommersprossige Hand, die sich öffnete und schloss. „Bitte." Er nickte Verena zu, die zur Seite starrte, vor sich das weiße Blatt mit ihrem Namen und der Aufgabe darunter. „Ich wusste nicht, was ich schreiben sollte." Ihre Stimme war klar, der Ton kurz angebunden, mit ein wenig Verächtlichkeit; Christian sah auf, traf aber nur Franks Blick, dessen helles Braun ihm jetzt unerklärlich unangenehm war, ebenso die sich hilflos öffnende und schließende Hand. „Dann hatten Sie einen Blackout." Frank stellte es nuschelnd fest, es war keine Frage. „Das kann vorkommen."

„Wir müssen in diesem Fall die Arbeit mit Ungenügend bewerten." Schnürchel hatte zögernd gesprochen, aber noch in Franks Satz hinein. Wieder blieb das Schweigen, wie etwas, das nicht zu löschen war. Christian trug das FDJ-Hemd, wie auch Falk Truschler und Siegbert Füger und Swetlana Lehmann: Herr Schnürchel hatte alle Schüler der Klasse, die im Internat wohnten, gebeten, es anzuziehen.

„Ich bin nicht damit einverstanden, wie wir hier diskutieren. Ich bin der Meinung, dass Verena eine ablehnende Haltung zur gestellten Frage einnimmt und sie deshalb nicht beantwortet hat. Das wäre nicht das erste Mal." Verena hob den Kopf und musterte Swetlana mit erschrockener Faszination.

„Ja, du hast dir solche Sachen schon auf der POS[8] geleistet. Genau wie deine Schwester."

„Swetlana –"

„Nach meiner Meinung handelt es sich um eine vorsätzliche Provokation, Dr. Frank."

„Das glaube ich nicht." Reina Kossmann, die Kassiererin im FDJ-Rat war, schüttelte den Kopf. „Mir hat sie nämlich vorher etwas gesagt." Verena sei es schlecht gewesen, einer Sache wegen, die einmal im Monat –.

„Sie hat gesagt, sie hat sich nicht krank gefühlt", beharrte Swetlana. „Ich möchte eure Standpunkte wissen. Ich bin dafür, dass der FDJ-Rat einen Beschluss fasst und ihn dem Direktor vorlegt." Swetlana überlegte kurz, tippte mit dem Finger auf die Lippen. „Beiden Direktoren. Und der Grundorganisationsleitung."

Hier mischte sich Siegbert Füger ein: Swetlana könnte nicht einfach „Ich glaube ihr nicht" sagen, nicht nur Verena, sondern auch Reina stünden dann unter dem Verdacht der Schwindelei, er persönlich kenne Verena nicht von der POS; aber vom Sportunterricht bei Herrn Schanzler hier, beim Völkerball sei man zusammengestoßen, ihre Lippe habe geblutet, doch sei das ohne Ohnmacht, wie sonst üblich, abgegangen, Verena sei seiner Meinung nach eine, die die Zähne zusammenbeiße, und also auch vor der Geschichtsarbeit.

Was er unter „wie sonst üblich" verstehe, fragte Reina, den Rücken aufrichtend, es seien

4 **Sputnik:** Name der ersten sowjetischen Satelliten, die die Erdumlaufbahn erreichten

5 **Pionierlager Artek:** berühmtes Pionierlager in der UdSSR

6 **Komsomol-Organisation:** sowjetische Jugendorganisation

7 **Maxim Gorki (1868–1936):** russischer Schriftsteller

8 **POS:** Abkürzung für Polytechnische Oberschule

eher die Jungen, die am schnellsten herumjammerten, zum Beispiel bei der Kartoffellese. Christian schwieg, weil er das schmerzverzerrte Gesicht Verenas nach dem fehlgeschlagenen Hammerschlag vor sich sah, aber da auch Falk Truschler schwieg, er musste Protokoll führen, hefteten sich Swetlanas Augen auf ihn, während Dr. Frank einen Zettel kleinkniffte und Schnürchel eine Cremetube aus seiner Aktentasche zog, eine durchsichtige, zollbreite Walze ausdrückte und seine Hände einrieb. Es roch angenehm nach Kräutern.

„Deine Position, Christian?“ Er musste in diesem Moment an Swetlanas lockiges Haar denken. Es war schön und von einem Braun, das er nicht genau bezeichnen konnte. „Sie ist nicht in der Lage, eine Arbeit zu schreiben, wenn ihr schlecht ist.“

„Sie hätte es natürlich vorher sagen müssen. – Das war ihr Fehler, Verena“, sagte Schnürchel nachdenklich. „Das Ungenügend können wir nun nicht mehr zurücknehmen. Kein guter Start, aber ich denke, das wird bei Ihnen ein Ausrutscher gewesen sein. Es gibt ja mündliche Vorträge, und sonst stehen Sie doch gut bis sehr gut.“

„Mehr hast du nicht zu sagen?“ An Swetlana schien Schnürchels Einwurf vorbeigeflogen zu sein wie ein Insekt, dem man keine Beachtung schenkt, da man sich auf etwas konzentriert. Sie fixierte Christian, es schien ihm, als ob es sie Kraft kostete, die Lider zitterten kaum merklich, der Blick war nicht stet. „Schade, dass die schönen Posten schon weg waren, hm? Der stellvertretende FDJ-Sekretär, der Schriftführer und der Kassierer. Das hätte ja fürs Medizinstudium gereicht? Aber so ... Als Agitator – da muss man ja wirklich Engagement zeigen, stimmt's? Farbe bekennen!“

„Swetlana, Sie werden unsachlich. So kann man nicht miteinander arbeiten.“ Das sagte Dr. Frank, mit grauem Mund, und Reina Kossmann fauchte: „Mir zu unterstellen, ich hätte nur einen Duckposten angenommen, für ein paar Pluspunkte in der Kaderakte[9] –“

„Ist doch die Wahrheit! Das Wichtigste für euch ist das Studium, die Karriere, und dafür geht man auch in die FDJ-Leitung! Freilich nicht als Sekretär oder Agitator, also worauf's ankommt ... Wärt ihr denn auch dabei, wenn es dafür keine Pluspunkte gäbe? Was in diesem Land verwirklicht werden soll, ist euch doch völlig egal!“

„Swetlana! So kommen wir nicht weiter. Dr. Frank hat recht, das ist unsachlich. Es ist nicht korrekt. Nicht korrekt. Wir sollten abschließend auch hören, was Verena zu sagen hat. Beruhigen Sie sich.“ Merkwürdig, wie behutsam Schnürchel sein konnte, väterlich, als müsste er seine ungebärdige Lieblingstochter vor sich selbst schützen; seine linke Hand, die vorgeschnellt war: als ob er etwas einfangen wollte, dachte Christian. Vielleicht kannte er die Situation, erkannte sie wieder.

„Es stimmt, was Reina gesagt hat. Ich ... hatte Probleme.“ Verena war blass jetzt, sie hatte leise gesprochen, mit abgewandtem Gesicht.

9 **Kaderakte:** Personalakte, die in der DDR jeder berufstätige Bürger besaß und in der sowohl positive Leistungen als auch Verfehlungen vermerkt wurden

Arbeitsanregungen

1. Herr Schnürchel gibt zu Beginn des Romanauszugs den Schülern ihre Geschichtsarbeiten zurück.
   a) Erläutern Sie die Kriterien, die seinen Benotungen zugrunde liegen.
   b) Diskutieren Sie mit den anderen Teilnehmern Ihres Kurses diese Benotungskriterien und die Art der Rückgabe der Klausur.
2. a) Erläutern Sie, warum Schnürchel die Notwendigkeit sieht, genau zu untersuchen, warum Verena bei der Geschichtsarbeit ein leeres Blatt abgegeben hat. Was hat das mit dem Thema der Geschichtsarbeit zu tun? Welchen Verdacht hat er wohl?
   b) Christians Onkel hat einmal gesagt: „Alles muss man sich leisten können, in diesem Land [...].“ (Z. 48 f.) Erklären Sie, was damit gemeint ist.
   c) „Konnte sie es sich leisten?“ (Z. 58) – Erläutern Sie, welcher Verdacht sich in dieser Frage ausspricht, und setzen sie sie zu der Aussage von Christians Onkel in ein Verhältnis.
3. Warum hat Verena ein leeres Blatt abgegeben? Beurteilen Sie die Aussagen von Verena und die Vermutungen des Lehrers und ihrer Mitschülerinnen und Mitschüler.

4. Bearbeiten Sie eine der folgenden Gestaltaufgaben. Berücksichtigen Sie dabei die Hinweise im Methodenbaustein „Gestaltendes Interpretieren".
   a) Christian ist nach den Ereignissen in der Schule sehr aufgebracht und verfasst daher am Abend einen Brief an seine Eltern, in denen er ihnen von dem Vorfall berichtet. Darin bewertet er Verenas Entschluss, ein leeres Blatt abzugeben, ebenso wie das Verhalten seines Geschichtslehrers, Swetlanas und der anderen Mitschülerinnen und Mitschüler.
   b) Verena verfasst am Abend nach der Klausurrückgabe einen Tagebucheintrag. Ihrem Tagebuch vertraut sie an, warum sie bei der Geschichtsarbeit ein leeres Blatt abgegeben hat und wie sie sich während ihres „Verhörs" in der Unterrichtsstunde und der FDJ-Leitungssitzung gefühlt hat.
   c) Herr Schnürchel gerät dadurch, dass Verena ein leeres Blatt abgegeben hat, in mehrere schwierige Entscheidungssituationen. Verfassen Sie zu den folgenden Textstellen innere Monologe, aus denen hervorgeht, was Schnürchel jeweils denkt und fühlt:
      - „Schnürchels Stimme zuckte auf [...]" (Z. 31)
      - „‚Verena.' Diesmal antwortete Schnürchel schnell, Christian spürte die Überraschung in der Klasse bei diesem Ton verhaltener Wärme." (Z. 74 ff.)
      - „‚Was in diesem Land verwirklicht werden soll, ist euch doch völlig egal!'" (Z. 209 ff.)
      - „‚Es stimmt, was Reina gesagt hat.'" (Z. 223)
5. Vergleichen Sie den Umgang mit unangepasstem Verhalten in der Schule, wie er in den Texten von Hein (▶ S. 31 f.) und Tellkamp dargestellt ist.

Methodenbaustein Gestaltendes Interpretieren

Beim gestaltenden Interpretieren beweisen Sie Ihr Textverständnis dadurch, dass Sie **selbst einen fiktionalen Text schreiben, der einen literarischen Ausgangstext auf sinnvolle Weise ergänzt oder weiterführt.** Das gestaltende Interpretieren hat daher nichts mit dem freien Schreiben oder der freien Umgestaltung literarischer Vorlagen zu tun. Das eigene literarische Produkt muss inhaltlich und formal zu der Textvorlage passen, setzt also ein vertieftes Textverständnis voraus, das Sie aufgrund einer vorhergehenden Analyse gewonnen haben. **Typische Gestaltungsaufgaben** sind:

- **einen Brief schreiben:** Dieser gibt in der Ich-Form Gefühle, Reflexionen, Beobachtungen, Wünsche oder Pläne einer Figur wieder und ist an eine zweite oder mehrere andere Figuren des Ausgangstextes adressiert.
- **einen (inneren) Monolog gestalten:** Ähnlich wie in einem Brief schreiben Sie einer literarischen Figur Gefühlsäußerungen und Reflexionen zu. Dazu wählen Sie eine bestimmte Situation aus einer Erzählung aus, versuchen, sich so intensiv wie möglich in die Figur hineinzuversetzen, und schreiben dann in der Ich-Form und im Präsens als Basiszeit alles auf, was der Figur in diesem Moment durch den Kopf gehen könnte.
- **einen Tagebucheintrag formulieren:** Auch diese Form der gestaltenden Weiterarbeit ist monologisch angelegt. Sie schlüpfen in eine literarische Figur hinein und äußern sich in deren Reflexionshorizont. Ein Tagebuch dient meist dazu, seine Gedanken am Ende eines Tages zu sammeln und seine Erlebnisse zu reflektieren.
- **einen Dialog schreiben:** Bei dieser Aufgabe lassen Sie zwei (oder mehr) Figuren des Ausgangstextes in einem Gespräch aufeinandertreffen. Das in wörtlicher Rede Gesagte muss auch hier dem Reflexionshorizont der jeweiligen Figur entsprechen. Probleme und Konflikte, die in der literarischen Vorlage zwischen den Figuren unausgesprochen geblieben sind, können dabei offen artikuliert werden.
- **einen Paralleltext verfassen:** Hierbei muss sich der eigene Text in bestimmter Hinsicht an die Vorlage anlehnen. Es gibt z. B. die Möglichkeit, Texte im Stil der Vorlage, Texte im Stil einer Epoche, Texte zum Thema der Vorlage zu verfassen oder auch den Ausgangstext in eine andere Zeit zu übertragen.

3 Überwindung der deutschen Teilung – Literatur der Jahrtausendwende

3.1 „Endlosschleife“ – Die Mauer hat Narben hinterlassen

Die Schweizer Fotografin und Filmemacherin Dominique de Rivaz (*1953) machte sich in den Wintermonaten der Jahre 2006 und 2007 zu Fuß auf den Weg, um den Spuren des ehemaligen Berliner Mauerrings nachzugehen. Die dabei entstandenen Fotos – in dem Bildband „Endlosschleife – Der Berliner Mauerweg“ (2009) veröffentlicht – dokumentieren, dass die Mauer auch fast zwanzig Jahre nach ihrem Fall noch immer „Narben“ im Stadtbild hinterlassen hat.

Mauerreste in Rudow/Alt-Glienicke

„W. Marzahn am 19.3.1966 auf der Flucht erschossen“ – Kreuz in Berlin-Wannsee

Mauerbrache als Country-Bike-Strecke – Prenzlauer Berg

Kirschbaumallee in Lichterfelde

Arbeitsanregungen

1. a) Beschreiben Sie anhand der Bilder, welche Spuren der Mauer fast zwei Jahrzehnte nach ihrem Fall noch immer sichtbar sind.
   b) Die Fotografin Dominique de Rivaz hat ihrem Bildband den Titel „Endlosschleife“ gegeben. Erklären Sie dessen Doppeldeutigkeit.
   c) Die Fotos dokumentieren letzte Spuren der Mauer. Diskutieren Sie, wie sich das allmähliche Verschwinden dieser Spuren auf die Erinnerungskultur auswirken wird.
2. a) Stellen Sie Vermutungen an, welche Narben die Mauer in den Menschen hinterlassen hat. Halten Sie Ihre Ideen in einem Cluster fest.
   b) Erläutern Sie, unter welchen Voraussetzungen man sagen könnte, dass die Narben verheilt sind.

3.2 Lebensgefühl in der Nachwendezeit – Identitäten, Brüche

Jürgen Rennert

Mein Land ist mir zerfallen (1990)

Mein Land ist mir zerfallen.
Sein' Macht ist abgetan.
Ich hebe, gegen allen
Verstand, zu klagen an.

Mein Land ist mir gewesen,
Was ich trotz seiner bin:
Ein welterfahrnes Wesen,
Mit einem Spalt darin.

Mein Land hat mich verzogen,
Und gehe doch nicht krumm.
Und hat mich was belogen,
Und bin doch gar nicht dumm.

Mein Land hat mich mit Wider-
Willn an die Brust gepresst.
Und kam am Ende nieder
Mit mir, der es nicht lässt.

Mein Land trägt meine Züge,
Die Züge tragen mich.
Ich bin die große Lüge
Des Landes. (Wir meint: ich)

Reiner Kunze

Die Mauer (1991)

Zum 3. Oktober 1990

Als wir sie schleiften[1], ahnten wir nicht,
wie hoch sie ist
in uns

Wir hatten uns gewöhnt
an ihren horizont

Und an die windstille

In ihrem schatten warfen
alle keinen schatten

Nun stehen wir entblößt
jeder entschuldigung

1 **eine Mauer schleifen:** (militärsprachl.) eine Mauer niederlegen

Arbeitsanregungen

1. Notieren Sie Ihre ersten Eindrücke zu den beiden Gedichten.
2. Analysieren Sie das Gedicht von Jürgen Rennert. Beantworten Sie die folgenden Fragen:
   - Was ist die Situation „seines" Landes?
   - Welche Haltungen hat das Land in der Vergangenheit zum lyrischen Ich eingenommen?
   - Wie ist die aktuelle Situation des lyrischen Ichs zu beschreiben?
3. a) Unter dem Titel von Reiner Kunzes Gedicht steht der Vermerk „Zum 3. Oktober 1990". Informieren Sie sich über die Ereignisse dieses Tags (z. B. im Internet oder in Lexika).
   b) Erläutern Sie die Haltung des lyrischen Ichs bezüglich der Mauer. Unterscheiden Sie dabei zwischen der Vergangenheit und der Gegenwart.
4. a) Vergleichen Sie die Haltungen, die die lyrischen Ichs in den beiden Gedichten jeweils zur Mauer einnehmen. Arbeiten Sie Gemeinsamkeiten und Unterschiede heraus.
   b) Vergleichen Sie die sprachliche Gestaltung der beiden Gedichte. Berücksichtigen Sie dabei auch Ihre Eindrücke beim ersten Lesen (▶ Aufgabe 1).
   c) Stellen Sie Vermutungen darüber an, welche Schwierigkeiten bei der Überwindung der deutschen Teilung auf die lyrischen Ichs jeweils zukommen könnten.

Der Roman „Johannisnacht“ (1996) von Uwe Timm (*1940) spielt 1995, knapp sechs Jahre nach dem Fall der Mauer. Der Ich-Erzähler, ein an einer Schreibblockade leidender Schriftsteller, erhält von einer Zeitschrift den Auftrag, einen Text über die Geschichte der Kartoffel zu schreiben. Um für diesen Artikel zu recherchieren, reist er von seiner Heimatstadt München aus nach Berlin.

Uwe Timm

Johannisnacht (1996)

Ich fuhr zum *Alexanderplatz* und stieg dort in die *U5* Richtung *Hönow*, nach Osten. Im Zug wurden auffallend viele farbige Fahrräder mitgeführt, während in München zur Zeit fast nur schwarze Räder zu sehen waren. Schwarz war dort die Modefarbe für Fahrräder. Die kleinen Mädchen trugen Ohrringe, die Frauen hatten vollgepackte Taschen. Eine Kunststofftasche fiel um, und gleich vier, fünf Margarinedosen rollten durch den Waggon. Ein Junge kroch unter die Bank und sammelte sie ein. Es roch immer noch nach einem Reinigungsmittel, das sich für mich mit der DDR verband, dieser Geruch und die im Winter ständig überheizten Räume, in denen dann die Fenster geöffnet wurden. Das war die Entropie[1] des Systems. Mir gegenüber saßen zwei junge Männer, die Lacoste-Hemden trugen. Die kleinen Krokodile sahen wie nachträglich aufgeklebt aus, schienen mir auch ungewöhnlich groß, und das eine hob sogar den Schwanz. Es gehörte doch gerade zur Qualität dieser Hemden, dass man diese Krokodile nicht ablösen kann. […]
An der *Magdalenenstraße* stieg ich aus, dort, wo sich die Rote Armee, von den Seelower Höhen her kommend, in die Stadt hineingefräst hatte. Hier hatten SS, Hitlerjungen und Volkssturm Haus für Haus verteidigt, Häuserblock um Häuserblock waren von Stalinorgeln[2] und anderer russischer Artillerie zusammengeschossen worden. Die Neubauten waren in Plattenbauweise hochgerissen, auch die Nebenstraßen vollgeklotzt, mit kieselig graubraunen Wänden, die aber dennoch besser aussahen als die schwarzverdreckten Nacktbetonbauten im Westen der Stadt. In einer Nebenstraße, zwischen den Neubauten, ein hochherrschaftlicher Altbau, der wunderbarerweise den Krieg überstanden hatte. […]
Die Sonne schien. Es war wesentlich wärmer als gestern. Die Leute, denen ich begegnete, schienen es nicht eilig zu haben. Über einigen Geschäften war noch ein HO[3] zu lesen, überstrichen, aber die Farbe der dunklen Buchstaben schimmerte wieder durch. Ich überlegte, was dieses HO hieß. Handelsorganisation? Vor dem Laden einer Parfümeriekette war ein mickriger Baum mit winzigen Lämpchen geschmückt, die auch jetzt am hellichten Tag brannten. Der Baum wirkte dadurch nicht etwa märchenhaft, sondern nur kahlgerupft und einfach erbärmlich. Eine Vietnamesin zog mit einem Schlüssel Plüschhunde auf, die mechanisch über den Bürgersteig watschelten, plötzlich hochschnellten, einen Salto machten, wieder auf allen vieren landeten und weiterwatschelten, bis zum nächsten Salto. Sie lächelte mich an: 10 Mark, für die Kinder. Es hörte sich an wie: für die Finder. Ein paar junge Leute standen daneben, redeten miteinander, ich vermutete auf Rumänisch, laut, ja heftig, sie gestikulierten. Sie trugen diese grässlichen moonwashed Jacken und Jeans, lappig und in plumpen Überweiten. Ein älterer Mann mit abgeschabten Plastiktüten wurde von einer weiß-braun gefleckten Promenadenmischung über den Bürgersteig gezerrt. Kubin[4], der behauptet hatte, die äußeren Unterschiede zwischen Ost und West seien längst verschwunden, kann nie hier gewesen sein.
An der *Frankfurter Allee* stand ein weißgestrichener Campingwagen, rund wie ein riesiges Osterei, ein Wohnwagen, wahrscheinlich ein bulgarisches oder armenisches Modell. Er war zu einem Imbissstand umgerüstet worden. Ich bestellte eine Currywurst, eine echte ostdeutsche, das Ketchup gut angewärmt und mit reichlich Curry. Neben mir aß ein Mädchen Pommes mit Mayonnaise, dicke gelbliche, sicherlich die gleiche Mayonnaise wie am Bahnhof Zoo, und doch hatte ich den Ein-

1 **Entropie:** physikalische Größe, die die Verlaufsrichtung eines Wärmeprozesses kennzeichnet; hier ironisch gemeint
2 **Stalinorgeln:** Mehrfachraketenwerfer
3 **HO:** Abkürzung für Handelsorganisation; staatliches Einzelhandelsunternehmen in der DDR, das gegliedert war in die Bereiche Industriewaren, Lebensmittel, Gaststätten, Warenhäuser und Hotels
4 **Kubin:** ein Freund des Ich-Erzählers, der in Berlin wohnt

druck, dies hier sei das ausgedrückte Fett überfütterter Hühner. Ich spürte eine fade Übelkeit und warf den Pappteller in den Abfalleimer, bestellte mir eine Cola. Das Mädchen sagte: Jestern is mein Bruno überfahrn wordn. Bruno war nich jleich tot. Lag da und winselte, kam noch mal hoch, mit de Vorderbeene, so, schleppte de Hinterbeene hinter sich her. Sie begann zu weinen, aß dabei aber die Pommes weiter, stippte sie in diesen fetten gelben Matsch. Ick wusste nich, wat ick machen sollte. Bis die Feuerwehr kam. Se habn dem Tier ne Spritze jejebn. Mein Freund is mit ne annern int Ruhrjebiet. Un jetzt Bruno. Einfach weg.
Ich hielt ihr eine Papierserviette hin. Sie tupfte sich aber nicht die Augen ab, sondern wischte sich den Mund damit. Ging dann wortlos weiter, ohne Danke, ohne tschüs.

Arbeitsanregungen

1. „Kubin, der behauptet hatte, die äußeren Unterschiede zwischen Ost und West seien längst verschwunden, kann nie hier gewesen sein." (Z. 68 ff.) Benennen Sie die Unterschiede, die der Ich-Erzähler zwischen Ost und West sieht.
2. Charakterisieren Sie die Menschen, denen der Ich-Erzähler in Ostberlin begegnet. Erläutern Sie, inwiefern diese auf ihn fremd wirken.
3. Beurteilen Sie auf Grundlage Ihrer Erfahrungen, ob man auch heute noch merkt, ob man sich in Ost- oder Westdeutschland befindet.

Jana Hensel

Zonenkinder (2002)

Nach der Wende aber kam mir *Ich bin Deutsche* nie so richtig über die Lippen, und aus dem Westen wollte ich gleich gar nicht mehr sein. Stets und ständig setzte ich an, Erklärungen über meine Herkunft anzufügen, und meine Zuhörer nahmen die Information, ich sei zwar Deutsche, aber aus Leipzig, aus Ostdeutschland und also aus der ehemaligen DDR, mit jener freundlichen Nachsicht auf, die man für Desinteresse halten konnte. Warum sollte meine algerische Zimmernachbarin im Marseiller Studentenwohnheim, die zur Zeit der täglichen Massaker in algerischen Dörfern jeden Abend mit ihrer Familie zu Hause telefonierte, um zu erfahren, ob alle noch am Leben waren, warum sollte sie sich für die Unterschiede zwischen Ost und West interessieren? Deutschland war ein reiches Land. Dass ein Großteil meiner Landsleute sich als Menschen zweiter Klasse fühlte und unter Arbeitslosigkeit litt, verstand sie wohl. Aber sie hatte Schlimmeres gesehen.
So zog ich es vor, den Österreichern die Unterschiede zwischen Ost und West zu erklären. Der Osten, dozierte ich, sei bunter. Im Kopf, meinte ich. Die Menschen, die sich an das neue System erst gewöhnen mussten, gingen kritischer damit um, machten sich Gedanken,

*Jana Hensel (rechts, *1976)*

suchten Alternativen. Viele Westdeutsche, die ihrer alten Heimat überdrüssig seien, kämen nun nach Leipzig, Dresden und Ostberlin, um nochmal etwas anderes anzufangen, und würden die komplette Umschichtung einer ganzen Gesellschaft genießen. Die Kunstszene, die sich gerade aus der Grauzone des Untergrundes befreie, sich aber an die Restriktionen des alten Systems noch allzu gut erinnern könne, blühe auf und zehre dabei von einer Selbstauffassung, die Gut und Böse nicht nur abstrakt, sondern am eigenen Leib erfahren habe. Meine Zuhörer staunten. Sie wollten mich unbedingt besuchen kommen, um sich das alles selbst anzusehen.
Zurück in Leipzig, schmiedete ich jeden Tag neue Pläne, was ich meinen ausländischen

Gästen in meiner Heimatstadt nun alles zeigen würde. Doch von dieser Stadt, die im Unterschied zu Südfrankreich sehr grau wirkte, konnte ich mich nicht erinnern, gesprochen zu haben. Dachten wir uns den Osten vielleicht nur aus? Wollten wir diesen ganzen miefigen Nachwendealltag nur für uns erträglicher gestalten und machten uns etwas vor?

[…]

Dabei haben wir in den Anfangsjahren jede freie Minute genutzt, um den Westen zu beobachten, zu erkennen und zu verstehen. Wir wollten ihn täuschend echt imitieren. Ich hatte keine Lust mehr, aufzufallen, im Supermarkt wegen meines schlechten Geschmacks angemacht zu werden oder in ein Restaurant zu gehen, in dem ich wieder irgendetwas nicht kannte. Ich wollte ebenso Bescheid wissen, und so lief die Bildmaschine in meinem Kopf ständig, scannte alles um mich herum und registrierte die Gesten, Begrüßungsfloskeln, Redewendungen, Sprüche, Frisuren und Klamotten meiner westdeutschen Mitmenschen.

[…]

Wofür man mich hielt? In den letzten Jahren immer häufiger für einen Westler. Ich hatte meine Lektionen gelernt und war nicht mehr zu enttarnen. Natürlich trugen wir längst mit derselben Lässigkeit Markenklamotten, die wir sogar in seltenen Anfällen von Übermut mit einem Billigteil konterkarierten, um uns auch ein bisschen zu erden. Unsere Schuhe kauften wir in kleinen Läden, und unsere Frisuren, meine ich, waren auch irgendwie individuell. Meinen sächsischen Dialekt hatte ich mir abgewöhnt. Niemand konnte ihn mehr erkennen. Aber seltsamerweise machte es mich jedes Mal traurig, wenn jemand glaubte, ich sei aus Nürnberg oder Schleswig-Holstein. Hätte man mir aber gesagt, ich käme aus der DDR, das sehe man mir doch sofort an, dann hätte ich Mühe gehabt, mich gerade zu halten und nicht ein paar Tränen in die Augen zu bekommen. Doch das geschah nicht. Nur ein alter Freund, den ich aus Kindertagen kannte – er war Schauspieler geworden und hatte dafür auch neu sprechen lernen müssen –, machte mich dann und wann auf Fehler in meiner zu weichen Aussprache aufmerksam. Zum Beispiel, wenn ich zu Hause auf das Band sprach: „Hier ist der Anrufbeantwortor …“ und man mich an der Endung als Ostdeutsche identifizieren konnte. Weil ich das aber nicht wollte, ja unbedingt verhindern musste, sagte ich in Zukunft stattdessen „Anschluss“.

Arbeitsanregungen

1. Untersuchen Sie, wie die Ich-Erzählerin „Deutsche“, „Ostdeutsche“ und „Westdeutsche“ charakterisiert. Visualisieren Sie Ihre Arbeitsergebnisse in einem Schnittmengendiagramm:

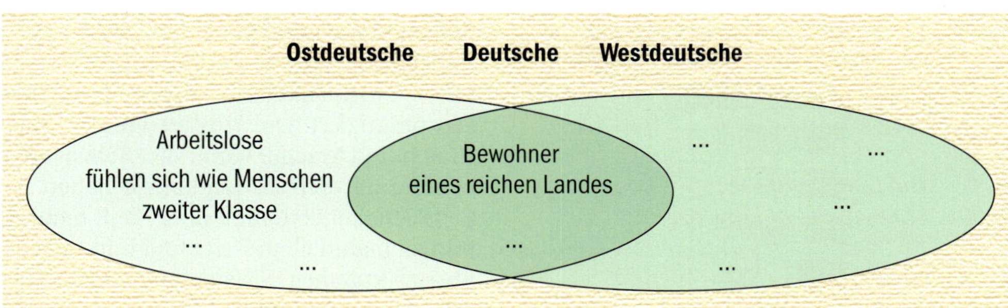

2. Am Anfang des Textauszugs sagt die Ich-Erzählerin, dass sie Wert darauf gelegt habe, deutlich zu machen, dass sie Ostdeutsche sei (vgl. Z. 1 ff.); im letzten Absatz unterstreicht sie den Wunsch, nicht als Ostdeutsche erkannt werden zu wollen (vgl. Z. 85 ff.). Finden Sie Erklärungsansätze für diesen Widerspruch.
3. Sammeln Sie eigene Vorstellungen, die Sie mit „Deutschen“, „Ostdeutschen“ und „Westdeutschen“ assoziieren. Prüfen Sie, inwieweit Sie sich mit diesen Kennzeichnungen identifizieren oder nicht.
4. Diskutieren Sie, ob bzw. inwiefern es heute für Jugendliche noch von Bedeutung ist, ob jemand Ost- oder Westdeutscher ist. Kann man in Bezug auf Ihre Generation von einer Überwindung der deutschen Teilung sprechen?

B Wirklichkeitserfahrungen und Lebensgefühle Jugendlicher

1 Zwischen Sinnsuche und Orientierungslosigkeit

Klaus Hurrelmann

Lebenssituation und Wertorientierungen der jungen Generation – Ergebnisse der 15. Shell-Jugendstudie (2006)

D[as] Auseinanderfallen in eine große erfolgreiche und eine kleine, aber anwachsende versagende Jugendpopulation ist kennzeichnend für die Ergebnisse der Shell-Jugendstudien. Die Kluft wird durch eine Typologie von Wertorientierungen unterstrichen, die mit Hilfe eines von TNS Infratest entwickelten Instruments gewonnen wurde.
Danach können wir eine „Leistungselite" der „selbstbewussten Macherinnen und Macher" identifizieren. Sie bildet fast ein Drittel der Jugendpopulation und zeichnet sich durch eine Synthese von „alten" und „neuen" Werten aus. Die Werte Fleiß und Ehrgeiz, Macht und Einfluss sowie Sicherheit erleben in dieser Gruppe eine Renaissance, sie werden mit den Selbstverwirklichungswerten Kreativität, Unabhängigkeit, Lebensgenuss und Lebens-

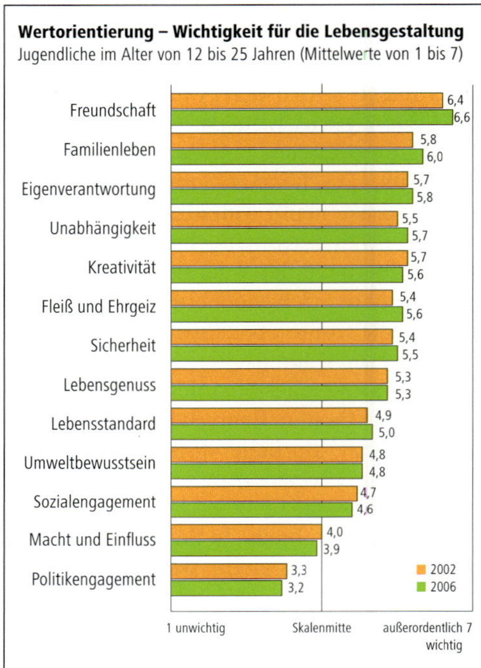

Quelle: Shell-Jugendstudie 2006 – TNS Infratest Sozialforschung

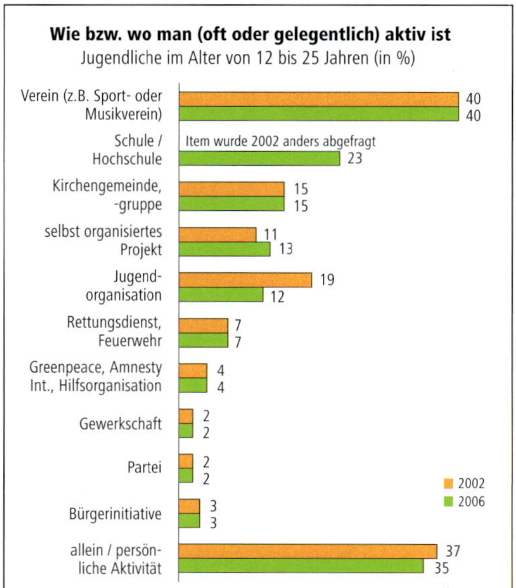

Quelle: Shell-Jugendstudie 2006 – TNS Infratest Sozialforschung

standard kombiniert. Die „Macher" sind eine aufstiegsorientierte Gruppe von gleich vielen jungen Frauen und jungen Männern, die eine unbefangene Kombination von materialistischen und postmaterialistischen Orientierungen praktiziert. Die selbstbewussten Macherinnen und Macher verbinden Selbstverwirklichung mit Selbstdisziplin, sie haben keine Schwierigkeiten damit, über Fleiß und Disziplin zu materiellem Reichtum und Lebensgenuss zu kommen. Sie sind Nutzenkalkulierer, selbstbezogene und bedürfnisorientierte Umweltmonitoren, die wir in früheren Untersuchungen auch als „Egotaktiker" bezeichnet haben.
Eine zweite herausragende und tonangebende Gruppe, die ebenfalls etwa ein Drittel der Population umfasst, haben wir als „pragmatische Idealistinnen und Idealisten" bezeichnet. In dieser Gruppe sind die Frauen eindeutig in der Überzahl. Im Unterschied zu den

Machern kommen bei diesem Wertetyp humanistisch geprägte Motive für ein soziales Engagement ins Spiel, die sich vor allem auf jugendbezogene Themen in Freizeit und Schule richten, aber auch sozial bedürftige Gruppen mit einbeziehen. Die jungen Frauen repräsentieren diese konzentrierte Lebensführung der tonangebenden jungen Generation mit einem kräftigen Schuss Selbstbewusstsein und einer gestaltenden Aktivität in Schule, Beruf, Freizeit, Gemeinde und sozialen Organisationen besonders prägnant. Die tonangebende Mentalität ist eine Mischung aus wacher Umweltwahrnehmung und beherztem Ergreifen von Chancen der Umweltgestaltung.

Diesen beiden selbstbewussten und erfolgreichen Gruppen stehen die zögerlichen, skeptischen, resignativen und unauffälligen Jugendlichen gegenüber, die keinen großen Erfolg in Schule und Ausbildung haben, dennoch nach Lebensstandard und Macht streben, sich aber duldsam und durchaus tolerant mit ihrer gegenwärtigen Lebenslage abfinden. Sie stellen etwa ein Fünftel der Population, ebenso viel wie die vierte Gruppe, die wir als „robuste Materialisten“ bezeichnet haben. In dieser Gruppe überwiegen zahlenmäßig die jungen Männer. Sie wollen Macht und Lebensstandard und einflussreiche Positionen mit Lebensgenuss verbinden, aber sie haben ein deutliches Gefühl dafür, dass ihre leistungsmäßigen und sozialen Kompetenzen hierfür bei Weitem nicht ausreichen. Bei ihnen kommen Verlierer- und Versagerängste auf, es zeigen sich Dispositionen für unkontrollierte Aggression und Gewalt, Fremdenfeindlichkeit und Rechtsextremismus. In dieser Gruppe ist das politische Engagement gleich null, das soziale und zivile Engagement außerordentlich klein. Diese Gruppe steht am Rande der bundesrepublikanischen Leistungsgesellschaft, wartet nur noch latent auf Angebote der Integration.

Arbeitsanregungen

1. a) Erstellen Sie einen Cluster zu der Frage: Was gibt meinem Leben Sinn und Orientierung?
   b) Bilden Sie zu den Begriffen, Ideen und Gedanken Ihres Clusters Oberbegriffe und ordnen Sie diese Gesichtspunkte nach der Reihenfolge ihrer Wichtigkeit für Ihr Leben.
   c) Vergleichen Sie Ihre Ergebnisse zu Aufgabe 1 a und 1 b mit denen Ihres Lernpartners/Ihrer Lernpartnerin.
2. Erschließen Sie den Text von Klaus Hurrelmann und die ihm beigefügten Diagramme im Hinblick darauf, was sie über Sinnsuche und Wertorientierungen heutiger Jugendlicher aussagen (▸ Methodenbaustein).
3. Diskutieren Sie, ob bzw. inwiefern Sie sich in den Ergebnisssen der 15. Shell-Jugendstudie wiederfinden.

Methodenbaustein Diagramme entschlüsseln und auswerten

Ein **Diagramm** (auch Schaubild genannt) liefert Informationen, indem es Zahlen und Werte verbildlicht. Um ein Diagramm richtig zu entschlüsseln und auszuwerten, sollte man in **sechs Schritten** vorgehen:

1. **Das Thema des Diagramms klären:** Worüber gibt das Schaubild Auskunft?
2. **Die Quelle des Diagramms bestimmen:** Welcher Studie ist das Schaubild entnommen? Wer hat die abgebildeten Zahlen und Werte ermittelt?
3. **Erhebungszeitraum und Datenbasis bestimmen:** Über welche Zeit gibt das Diagramm Auskunft? Wer wurde befragt?
4. **Sich die Elemente der grafischen Darstellung bewusst machen:** Was bedeuten der Balken, der Kreis, die x- und y-Achse etc.? Wie sind die Zahlen angegeben: in Prozent, in Tausend?
5. **Die Aussagen des Diagramms erschließen:** Welche Informationen lassen sich dem Schaubild entnehmen, wenn man die einzelnen Angaben (Größe, Anzahl etc.) miteinander vergleicht?
6. **Die Kernaussage des Diagramms benennen:** Welche Grundaussage ergibt sich auf Basis der vielen einzelnen Aussagen des Schaubilds? Welche Schlussfolgerung lässt sich aus ihm ziehen?

1.1 Suche nach Lebensperspektiven – Texte aus verschiedenen historischen Kontexten vergleichen

Wolfgang Borchert

Das Holz für morgen (1947)

Er machte die Etagentür hinter sich zu. Er machte sie leise und ohne viel Aufhebens hinter sich zu, obgleich er sich das Leben nehmen wollte. Das Leben, das er nicht verstand und in dem er nicht verstanden wurde. Er wurde nicht von denen verstanden, die er liebte. Und gerade das hielt er nicht aus, dieses Aneinandervorbeisein mit denen, die er liebte.
Aber es war noch mehr da, das so groß wurde, dass es alles überwuchs und das sich nicht wegschieben lassen wollte.
Das war, dass er nachts weinen konnte, ohne dass die, die er liebte, ihn hörten. Das war, dass er sah, dass seine Mutter, die er liebte, älter wurde und dass er das sah. Das war, dass er mit den anderen im Zimmer sitzen konnte, mit ihnen lachen konnte und dabei einsamer war als je. Das war, dass die anderen es nicht schießen hörten, wenn er es hörte. Dass sie das nie hören wollten. Das war dieses Aneinandervorbeisein mit denen, die er liebte, das er nicht aushielt. Nun stand er im Treppenhaus und wollte zum Boden hinaufgehen und sich das Leben nehmen. Er hatte die ganze Nacht überlegt, wie er das machen wollte, und er war zu dem Entschluss gekommen, dass er vor allem auf den Boden hinaufgehen müsse, denn da wäre man allein und das war die Vorbedingung für alles andere. Zum Erschießen hatte er nichts und Vergiften war ihm zu unsicher. Keine Blamage wäre größer gewesen, als dann mit Hilfe eines Arztes wieder in das Leben zurückzukommen und die vorwurfsvollen, mitleidigen Gesichter der anderen, die so voll Liebe und Angst für ihn waren, ertragen zu müssen. Und sich ertränken, das fand er zu pathetisch, und sich aus dem Fenster stürzen, das fand er zu aufgeregt. Nein, das Beste würde sein, man ginge auf den Boden. Da war man allein. Da war es still. Da war alles ganz unauffällig und ohne viel Aufhebens. Und da waren vor allem die Querbalken vom Dachstuhl. Und der Wäschekorb mit der Leine. Als er die Etagentür leise hinter sich zugezogen hatte, fasste er ohne zu zögern nach dem Treppengeländer und ging langsam nach oben. Das kegelförmige Glasdach über dem Treppenhaus, das von ganz feinem Maschendraht wie von Spinngewebe durchzogen war, ließ einen blassen Himmel hindurch, der hier oben dicht unter dem Dach am hellsten war.
Fest umfasste er das saubere, hellbraune Treppengeländer und ging leise und ohne viel Aufhebens nach oben. Da entdeckte er auf dem Treppengeländer einen breiten, weißen Strich, der vielleicht auch etwas gelblich sein konnte. Er blieb stehen und fühlte mit dem Finger darüber, dreimal, viermal. Dann sah er zurück. Der weiße Strich ging auf dem ganzen Geländer entlang. Er beugte sich etwas vor. Ja, man konnte ihn bis tief in die dunkleren Stockwerke nach unten verfolgen. Dort wurde er ebenfalls bräunlicher, aber er blieb doch einen ganzen Farbton heller als das Holz des Geländers. Er ließ seinen Finger ein paarmal auf dem weißen Strich entlangfahren, dann sagte er plötzlich: Das hab ich ja ganz vergessen.
Er setzte sich auf die Treppe. Und jetzt wollte ich mir das Leben nehmen und hatte das beinahe vergessen. Dabei war ich es doch. Mit der kleinen Feile, die Karlheinz gehörte. Die habe ich in die Faust genommen und dann bin ich in vollem Tempo die Treppen runtergesaust und habe dabei die Feile tief in das weiche Geländer gedrückt. In den Kurven habe ich besonders stark gedrückt, um zu bremsen. Als ich unten war, ging über das Treppengeländer vom Boden bis zum Erdgeschoß eine tiefe, tiefe Rille. Das war ich. Abends wurden alle Kinder verhört. Die beiden Mädchen unter uns, Karlheinz und ich. Und der nebenan. Die Hauswirtin sagte, das würde mindestens vierzig Mark kosten. Aber unsere Eltern wussten sofort, dass es von uns keiner gewesen war. Dazu gehörte ein ganz scharfer Gegenstand, und den hatte keiner von uns, das wussten sie genau. Außerdem verschandelte doch kein Kind das Treppengeländer in seinem eigenen Haus. Und dabei war ich es. Ich mit der kleinen, spitzen Feile. Als keiner von den Familien die vierzig Mark für die Reparatur des Treppengeländers bezahlen wollte, schrieb die Hauswirtin auf die nächste Mietrechnung je Haushalt fünf Mark mehr drauf für Instandsetzungskosten des stark demolierten Trep-

penhauses. Für dieses Geld wurde dann gleich das ganze Treppenhaus mit Linoleum ausgelegt. Und Frau Daus bekam ihren Handschuh ersetzt, den sie sich an dem aufgesplitterten Geländer zerrissen hatte. Ein Handwerker kam, hobelte die Ränder der Rille glatt und schmierte sie dann mit Kitt aus. Vom Boden bis zum Erdgeschoß. Und ich, ich war es. Und jetzt wollte ich mir das Leben nehmen und hatte das beinahe vergessen.

Er setzte sich auf die Treppe und nahm einen Zettel. Das mit dem Treppengeländer war ich, schrieb er da drauf. Und dann schrieb er obendrüber: An Frau Kaufmann, Hauswirtin. Er nahm das ganze Geld aus seiner Tasche, es waren zweiundzwanzig Mark, und faltete den Zettel da herum. Er steckte ihn oben in die kleine Brusttasche. Da finden sie ihn bestimmt, dachte er, da müssen sie ihn ja finden. Und er vergaß ganz, dass sich keiner mehr daran erinnern würde. Er vergaß, dass es schon elf Jahre her war, das vergaß er. Er stand auf, die Stufe knarrte ein wenig. Er wollte jetzt auf den Boden gehen. Er hatte das mit dem Treppengeländer erledigt und konnte jetzt nach oben gehen. Da wollte er sich noch einmal laut sagen, dass er es nicht mehr aushielte, das Aneinandervorbeisein mit denen, die er liebte, und dann wollte er es tun. Dann würde er es tun.

Unten ging eine Tür. Er hörte, wie seine Mutter sagte: Und dann sag ihr, sie soll das Seifenpulver nicht vergessen. Dass sie auf keinen Fall das Seifenpulver vergisst. Sag ihr, dass der Junge extra mit dem Wagen los ist, um das Holz zu holen, damit wir morgen waschen können. Sag ihr, das wäre für Vater eine große Erleichterung, dass er nicht mehr mit dem Holzwagen losbraucht und dass der Junge wieder da ist. Der Junge ist extra los heute. Vater sagt, das wird ihm Spaß machen. Das hat er die ganzen Jahre nicht tun können. Nun kann er Holz holen. Für uns. Für morgen zum Waschen. Sag ihr das, dass er extra mit dem Wagen los ist und dass sie mir nicht das Seifenpulver vergisst.

Er hörte eine Mädchenstimme antworten. Dann wurde die Tür zugemacht und das Mädchen lief die Treppe hinunter. Er konnte ihre kleine, rutschende Hand das ganze Treppengeländer entlang bis unten verfolgen. Dann hörte er nur ihre Beine noch. Dann war es still. Man hörte das Geräusch, das die Stille machte. Er ging langsam die Treppe abwärts, langsam Stufe um Stufe abwärts. Ich muss das Holz holen, sagte er, natürlich, das hab ich ja ganz vergessen. Ich muss ja das Holz holen, für morgen.

Er ging immer schneller die Treppen hinunter und ließ seine Hand dabei kurz hintereinander auf das Treppengeländer klatschen. Das Holz, sagte er, ich muss ja das Holz holen. Für uns. Für morgen. Und er sprang die letzten Stufen mit großen Sätzen abwärts.

Ganz oben ließ das dicke Glasdach einen blassen Himmel hindurch. Hier unten aber mussten die Lampen brennen. Jeden Tag. Alle Tage.

Arbeitsanregungen

1. Erläutern Sie die Situation des jungen Mannes in der Kurzgeschichte „Das Holz für morgen“.
2. a) Strukturieren Sie den Text, indem Sie die Erzählstrategie (z. B. Erzählform, Innen-/Außensicht) berücksichtigen (▸ Methodenbaustein, S. 17).
   b) Im Mittelteil der Geschichte kommt es zu einem Wechsel der Erzählform. Erklären Sie dessen Funktion.
3. a) Untersuchen Sie die Bedeutung des Leitmotivs „Holz“ für die Handlung (▸ Information).
   b) Analysieren Sie den Text im Hinblick auf zentrale rhetorische Figuren (▸ Methodenbaustein, S. 47).
4. Der Wendepunkt der Geschichte setzt mit dem Auftreten der Mutter (Z. 125 ff.) ein. Verfassen Sie im Erzählstil der Erinnerungspassagen einen inneren Monolog des Jungen, in dem er seine letztendliche Handlungsentscheidung findet und begründet (▸ Methodenbaustein, S. 36).

Information **Leitmotiv**

Ein **Leitmotiv** ist eine einprägsame, in ähnlicher Form **wiederkehrende thematische Einheit**, die eine Figur, eine Situation oder eine Stimmung kennzeichnet. Durch das mehrfache Auftauchen **wirkt** das Leitmotiv **gliedernd**, es stellt Zusammenhänge her und kann **symbolische Bedeutung** erlangen.

Sibylle Berg

Hauptsache weit (2001)

Und weg, hatte er gedacht. Die Schule war zu Ende, das Leben noch nicht, hatte noch nicht begonnen, das Leben. Er hatte nicht viel Angst davor, weil er noch keine Enttäuschungen kannte. Er war ein schöner Junge mit langen, dunklen Haaren, er spielte Gitarre, komponierte am Computer und dachte, irgendwie werde ich wohl später nach London gehen, was Kreatives machen. Aber das war später. Und nun?

Warum kommt der Spaß nicht? Der Junge hockt in einem Zimmer, das Zimmer ist grün, wegen der Neonleuchte, es hat kein Fenster und der Ventilator ist sehr laut. Schatten huschen über den Betonboden, das Glück ist das nicht, eine Wolldecke auf dem Bett, auf der schon einige Kriege ausgetragen wurden. Magen gegen Tom Yam[1], Darm gegen Curry. Immer verloren, die Eingeweide. Der Junge ist 18, und jetzt aber Asien, hatte er sich gedacht. Mit 1000 Dollar durch Thailand, Indien, Kambodscha, drei Monate unterwegs, und dann wieder heim, nach Deutschland. Das ist so eng, so langweilig, jetzt was erleben und vielleicht nie zurück. Hast du keine Angst, hatten die blassen Freunde zu Hause gefragt, so ganz alleine? Nein, hatte er geantwortet, man lernt ja so viele Leute kennen unterwegs. Bis jetzt hatte er hauptsächlich Mädchen kennen gelernt, nett waren die schon, wenn man Leute mag, die einen bei jedem Satz anfassen. Mädchen, die aussahen wie dreißig und doch so alt waren wie er, seit Monaten unterwegs, die Mädchen, da werden sie komisch. Übermorgen würde er in Laos sein, da mag er jetzt gar nicht dran denken, in seinem hässlichen Pensionszimmer, muss Obacht geben, dass er sich nicht aufs Bett wirft und weint, auf die Decke, wo schon die anderen Dinge drauf sind. In dem kleinen Fernseher kommen nur Leute vor, die ihm völlig fremd sind, das ist das Zeichen, dass man einsam ist, wenn man die Fernsehstars eines Landes nicht kennt und die eigenen keine Bedeutung haben. Der Junge sehnt sich nach Stefan Raab, nach Harald Schmidt und Echt. Er merkt weiter, dass er gar nicht existiert, wenn es nichts hat, was er kennt. Wenn er keine Zeitung in seiner Sprache kaufen kann, keine Klatschgeschichten über einheimische Prominente lesen, wenn keiner anruft und fragt, wie es ihm geht. Dann gibt es ihn nicht. Denkt er. Und ist unterdessen aus seinem heißen Zimmer in die heiße Nacht gegangen, hat fremdes Essen vor sich, von einer fremdsprachigen Serviererin gebracht, die sich nicht für ihn interessiert, wie niemand hier. Das ist wie tot sein, denkt der Junge. Weit weg von zu Hause, um anderen beim Leben zuzusehen, könnte man umfallen und sterben in der tropischen Nacht und niemand würde weinen darum. Jetzt weint er doch, denkt an die lange Zeit, die er noch rumbekommen muss, alleine in heißen Ländern mit seinem Rucksack, und das stimmt so gar nicht mit den Bildern überein, die er zu Hause von sich hatte. Wie er entspannt mit Wasserbüffeln spielen wollte, in Straßencafés sitzen und cool sein. Was ist, ist einer mit Sonnenbrand und Heimweh nach den Stars zu Hause, die sind wie ein Geländer zum Festhalten. Er geht durch die Nacht, selbst die Tiere reden ausländisch, und dann sieht er etwas, sein Herz schlägt schneller. Ein Computer, ein Internet-Café. Und er setzt sich, schaltet den Computer an, liest seine E-Mails. Kleine Sätze von seinen Freunden, und denen antwortet er […]

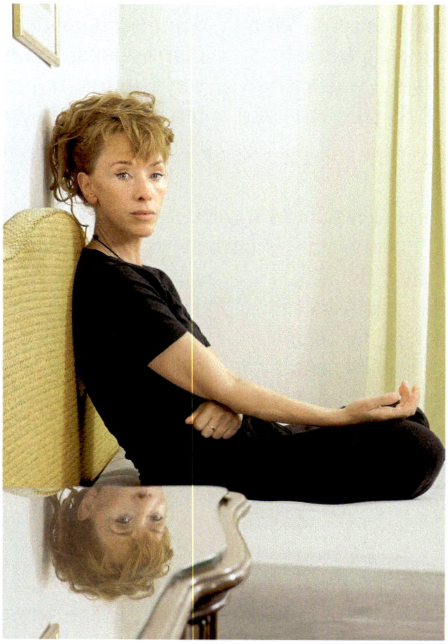

*Sibylle Berg (*1962)*

1 **Tom Yam:** heiße, sauer-scharfe Suppe der thailändischen Küche

Arbeitsanregungen

1. Charakterisieren Sie die Figur des Jungen, indem Sie sein Selbstbild und die Erfahrungen, die er als Reisender in einem fremden Land macht, gegenüberstellen.
2. a) Im obigen Textauszug fehlen die Schlusssätze der Geschichte. Verfassen Sie ein ca. 5 Sätze langes Ende, das zur Situation des Jungen, seinem Charakter und seinen Träumen passt.
   b) Vergleichen Sie Ihr mögliches Ende mit der Version Ihres Lernpartners/Ihrer Lernpartnerin. Überprüfen Sie, inwiefern Ihre Textversionen zur bisherigen Erzählung passen und welche Deutungsvarianten der Geschichte sich durch die unterschiedlichen Enden ergeben?
3. Untersuchen Sie die Erzählstrategie (▸ Methodenbaustein, S. 17) und die sprachliche Gestaltung des Textes (▸ Methodenbaustein) und beziehen Sie Ihre Ergebnisse in die Deutung der Kurzgeschichte ein.
4. a) Vergleichen Sie die Erzählungen von Borchert und Berg hinsichtlich der Lebenssituationen und Perspektiven der jugendlichen Protagonisten sowie hinsichtlich der Erzählweise und der sprachlichen Gestaltung. Nutzen Sie hierzu die folgende Tabelle.

	„Das Holz für morgen"	**„Hauptsache weit"**
Erfahrungen/Lebenssituationen	...	...
Lebensperspektiven	...	...
Erzählstrategien	...	...
sprachliche Gestaltung	...	...

   b) Markieren Sie in der Tabelle Unterschiede und Gemeinsamkeiten in den Lebenssituationen und Lebensperspektiven der Jugendlichen mit jeweils verschiedenen Farben.

Methodenbaustein **Sprache untersuchen**

Jeder Erzähltext ist sprachlich verfasst. Erst über die **Sprache** entsteht der **Inhalt**: Räume werden dargestellt und Zeiten erfasst, Handlungen werden beschrieben und Figuren vorgestellt. Der bewusste Einsatz der sprachlichen Mittel soll dabei beim Leser bestimmte **Wirkungen** erzielen. Entsprechend wichtig ist die Analyse der sprachlichen Gestaltung eines Textes:

- **Wortwahl:** Welcher Stilebene (z. B. bildungsssprachlich, umgangssprachlich, jugendsprachlich) entstammen die Wörter? Gibt es Wörter, die insbesondere für eine Figur verwendet werden (z. B. bestimmte Adjektive zu deren Charakterisierung)? Stammen viele Wörter aus einem bestimmten Wortfeld (z. B. der Natur, dem kindlichen Erleben, der Berufswelt etc.)?
- **Satzbau:** Sind die Sätze verschachtelt (Hypotaxe) oder einfach aufgebaut (Parataxe)? Sind die Sätze lang, kurz oder unvollständig (Ellipse)? Werden bestimmte Satzarten (Aussage-, Ausrufe-, Fragesätze u. a.) bevorzugt?
- **Grammatische Besonderheiten:** Wird die indirekte Rede gebraucht? Werden bestimmte Formen wie Konkunktiv, Partizipien u. a. bevorzugt? Lassen sich Appositionen (Verwengung eines Nomens als Attribut) finden?
- **Rhetorische Figuren:** Finden sich im Text sprachliche Bilder (Vergleiche, Metaphern, Personifikationen, Symbole)? Gibt es Lautmalereien (Onomatopoesien), Beschönigungen (Euphemismen), Wiederholungen des Anfangslauts (Alliterationen), Wiederholungen eines Wortes oder einer Wortgruppe am Satzanfang (Anaphern), Wiederholungen gleicher syntaktischer Fügungen (Parallelismen), Übertreibungen (Hyperbeln), rhetorische Fragen etc.? Wird Ironie verwendet?

1.2 Jugendliche in Beziehungen – Erzählstrategien der Gegenwartsprosa untersuchen

In zahlreichen Prosatexten ab Mitte der 1980er-Jahre werden Lebensgeschichten erzählt, deren zumeist junge Protagonisten auf der Suche nach ihrem Platz in der Gesellschaft, nach dem Sinn des Lebens, nach ihrer Identität sind. Zentral ist dabei die Frage: Wer bin ich in der Beziehung zu den anderen?

Am Eisweiher

Peter Stamm

Am Eisweiher (1999)

Ich war mit dem Abendzug aus dem Welschland[1] nach Hause gekommen. Damals arbeitete ich in Neuchâtel, aber zu Hause fühlte ich mich noch immer in meinem Dorf im Thurgau. Ich war zwanzig Jahre alt.

Irgendwo war ein Unglück geschehen, ein Brand ausgebrochen, ich weiß es nicht mehr. Jedenfalls kam mit einer halben Stunde Verspätung nicht der Schnellzug aus Genf, sondern ein kurzer Zug mit alten Wagen. Unterwegs blieb er immer wieder auf offener Strecke stehen, und wir Passagiere begannen bald, miteinander zu sprechen und die Fenster zu öffnen. Es war die Zeit der Sommerferien. Draußen roch es nach Heu, und einmal, als der Zug eine Weile gestanden hatte und das Land um uns ganz still war, hörten wir das Zirpen der Grillen.

Es war fast Mitternacht, als ich mein Dorf erreichte. Die Luft war noch warm, und ich trug die Jacke über dem Arm. Meine Eltern waren schon zu Bett gegangen. Das Haus war dunkel, und ich stellte nur schnell meine Sporttasche mit der schmutzigen Wäsche in den Flur. Es war keine Nacht zum Schlafen.

Vor unserem Stammlokal standen meine Freunde und berieten, was sie noch unternehmen sollten. Der Wirt hatte sie nach Hause geschickt, die Polizeistunde war vorüber. Wir redeten eine Weile draußen auf der Straße, bis jemand aus einem Fenster rief, wir sollten endlich ruhig sein und verschwinden. Da sagte Stefanie, die Freundin von Urs: „Warum gehen wir nicht im Eisweiher baden? Das Wasser ist ganz warm.“

Die anderen fuhren schon los, und ich sagte, ich würde nur schnell mein Fahrrad holen und dann nachkommen. Zu Hause packte ich meine Badehose und ein Badetuch ein, dann fuhr ich hinter den anderen her. Der Eisweiher lag in einer Mulde zwischen zwei Dörfern. Auf halbem Weg kam mir Urs entgegen.

*Peter Stamm (*1963)*

„Stefanie hat einen Platten“, rief er mir zu. „Ich hole Flickzeug.“

Kurz darauf sah ich dann Stefanie, die an der Böschung saß. Ich stieg ab.

„Das kann eine Weile dauern, bis Urs zurückkommt“, sagte ich. „Ich gehe mit dir, wenn du magst.“

Wir schoben unsere Fahrräder langsam den Hügel empor, hinter dem der Weiher lag. Ich hatte Stefanie nie besonders gemocht, vielleicht weil es hieß, sie treibe es mit jedem, vielleicht aus Eifersucht, weil Urs sich nie mehr ohne sie zeigte, seit die beiden zusammen waren. Aber jetzt, als ich zum ersten Mal mit ihr allein war, verstanden wir uns ganz gut und redeten über dies und jenes.

Stefanie hatte im Frühjahr die Matura[2] gemacht und arbeitete bis zum Beginn ihres Studiums im Herbst als Kassiererin in einem Warenhaus. Sie erzählte von Ladendieben und wer im Dorf immer nur die Aktionen[3] und wer Kondome kaufe. Wir lachten den ganzen Weg. Als wir beim Weiher ankamen, waren die anderen schon hinausgeschwommen. Wir zogen uns aus, und als ich sah, dass Stefanie keinen Badeanzug dabeihatte, zog auch ich meine

1 **Welschland:** (schweiz.) französische Schweiz

2 **Matura:** (schweiz.) Abitur

3 **Aktionen:** (schweiz.) Sonderangebote

Badehose nicht an und tat, als sei das selbstverständlich. Der Mond war nicht zu sehen, aber unzählige Sterne und nur schwach die Hügel und der Weiher.

Stefanie war ins Wasser gesprungen und schwamm in eine andere Richtung als unsere Freunde. Ich folgte ihr. Die Luft war schon kühl gewesen und die Wiese feucht vom Tau, aber das Wasser war warm wie am Tag. Nur manchmal, wenn ich kräftig mit den Beinen schlug, wirbelte kaltes Wasser hoch. Als ich Stefanie eingeholt hatte, schwammen wir eine Weile nebeneinanderher, und sie fragte mich, ob ich in Neuchâtel eine Freundin hätte, und ich sagte nein.

„Komm, wir schwimmen zum Bootshaus", sagte sie.

Wir kamen zum Bootshaus und schauten zurück. Da sahen wir, dass die anderen wieder am Ufer waren und ein Feuer angezündet hatten. Ob Urs schon bei ihnen war, konnten wir aus der Entfernung nicht erkennen. Stefanie kletterte auf den Steg und stieg von dort auf den Balkon, von dem wir als Kinder oft ins Wasser gesprungen waren. Sie legte sich auf den Rücken und sagte, ich solle zu ihr kommen, ihr sei kalt. Ich legte mich neben sie, aber sie sagte: „Komm näher, das hilft ja so nichts."

Wir blieben eine Zeitlang auf dem Balkon. Inzwischen war der Mond aufgegangen und schien so hell, dass unsere Körper Schatten warfen auf dem grauen, verwitterten Holz. Aus dem nahen Wald hörten wir Geräusche, von denen wir nicht wussten, was sie bedeuteten, dann, wie jemand auf das Bootshaus zuschwamm, und kurz darauf rief Urs: „Stefanie, seid ihr da?"

Stefanie legte den Finger auf den Mund und zog mich in den Schatten des hohen Geländers. Wir hörten, wie Urs schwer atmend aus dem Wasser stieg und wie er sich am Geländer hochzog. Er musste nun direkt über uns sein. Ich wagte nicht, nach oben zu schauen, mich zu bewegen.

„Was machst du da?" Urs kauerte auf dem Geländer des Balkons und blickte auf uns herab. Er sagte es leise, erstaunt, nicht wütend, und er sagte es zu mir.

„Wir haben gehört, dass du kommst", sagte ich. „Wir haben geredet, und dann haben wir uns versteckt, um dich zu überraschen."

Jetzt schaute Urs zur Mitte des Balkons, und auch ich schaute hin und sah dort ganz deutlich, als lägen wir noch da, den Fleck, den Stefanies und mein nasser Körper hinterlassen hatten.

„Warum hast du das gemacht?", fragte Urs. Wieder fragte er nur mich und schien seine Freundin gar nicht zu bemerken, die noch immer regungslos im Schatten kauerte. Dann stand er auf und machte hoch über uns auf dem Geländer zwei Schritte und sprang mit einer Art Schrei, mit einem Jauchzer, in das dunkle Wasser. Noch vor dem Klatschen des Wassers hörte ich einen dumpfen Schlag, und ich sprang auf und schaute hinunter.

Es war gefährlich, vom Balkon herunterzuspringen. Es gab im Wasser Pfähle, die bis an die Oberfläche reichten, als Kinder hatten wir gewusst, wo sie waren. Urs trieb unten im Wasser. Sein Körper leuchtete seltsam weiß im Mondlicht, und Stefanie, die nun neben mir stand, sagte: „Der ist tot."

Vorsichtig stieg ich vom Balkon hinunter auf den Steg und zog Urs an einem Fuß zu mir. Stefanie war vom Balkon gesprungen und schwamm, so schnell sie konnte, zurück zu unseren Freunden. Ich zog Urs aus dem Wasser und hievte ihn auf den kleinen Steg neben dem Bootshaus. Er hatte am Kopf eine schreckliche Wunde.

Ich glaube, ich saß die meiste Zeit einfach nur da neben ihm. Irgendwann, viel später, kam ein Polizist und gab mir eine Decke, und erst jetzt merkte ich, wie kalt mir war. Die Polizisten nahmen Stefanie und mich mit auf die Wache, und wir erzählten, wie alles gewesen war, nur nicht, was wir auf dem Balkon getan hatten. Die Beamten waren sehr freundlich und brachten uns, als es schon Morgen wurde, sogar nach Hause. Meine Eltern hatten sich Sorgen gemacht.

Stefanie sah ich noch bei der Beerdigung von Urs. Auch meine anderen Freunde waren da, aber wir sprachen nicht miteinander, erst später, in unserem Stammlokal, nur nicht über das, was in jener Nacht geschehen war. Wir tranken Bier, und einer sagte, ich weiß nicht mehr, wer es war, es reue ihn nicht, dass Stefanie nicht mehr komme. Seit sie dabei gewesen sei, habe man nicht mehr vernünftig reden können.

Einige Monate später erfuhr ich, dass Stefanie schwanger war. Von da an blieb ich an den Wochenenden oft in Neuchâtel und fing sogar an, meine Wäsche selber zu waschen.

Arbeitsanregungen

1. Formulieren Sie Hypothesen zur Bedeutung des erzählten Erlebnisses für das Leben des Ich-Erzählers. Berücksichtigen Sie dabei seine berufliche und private Lebenssituation.
2. a) Gliedern Sie den Text in Sinnabschnitte und geben Sie diesen Überschriften.
   b) Entwerfen Sie in einem Koordinatensystem eine Spannungskurve der Geschichte, indem Sie den einzelnen Abschnitten der Erzählung jeweils einen Spannungsgrad von 0–5 zuordnen.

   c) Markieren Sie in der Spannungskurve den Wendepunkt der Geschichte.
3. Analysieren Sie den Text im Hinblick auf die Erzählweise (▸ Methodenbaustein, S. 17) und die sprachlich-stilistische Gestaltung (▸ Methodenbaustein, S. 47). Welche Wirkung wird durch die gewählten erzähltechnischen und sprachlichen Mittel erzeugt?
4. a) Verfassen Sie zu den Z. 121–140 der Erzählung einen inneren Monolog von Urs, aus dem deutlich wird, wie er die Situation erlebt und welche Schlussfolgerungen er aus ihr zieht (▸ Methodenbaustein, S. 36).
   b) Vergleichen Sie Ihren Text mit dem entsprechenden Abschnitt in der Kurzgeschichte: Was wird dort explizit erzählt, was nicht?
5. Stellen Sie auf der Grundlage Ihrer Arbeitsergebnisse dar, inwiefern die Kurzgeschichte „Am Eisweiher“ inhaltlich und formal als ein typisches Beispiel gegenwärtiger Kurzprosa gelten kann (▸ Information).

Information – Merkmale gegenwärtiger Kurzprosa

Wichtige Schriftstellerinnen und Schriftsteller der jüngeren deutschen Gegenwartsliteratur – darunter Peter Stamm (*1963), Judith Hermann (*1970) und Ingo Schulze (*1962) – benennen den amerikanischen Autor **Raymond Carver** (1938–1988), der mit knappen minimalistischen alltagsnahen Kurzgeschichten berühmt wurde, als ihr **erzähltechnisches Vorbild** oder werden von der Literaturkritik mit diesem verglichen.

Kennzeichnend für die **Kurzprosa** dieser jüngeren Autorengeneration sind folgende **Merkmale:**

- wirklichkeitsnahe Aktualität der Geschichte (abhängig von Thema und Generation),
- einfache alltagsnahe Wortwahl,
- verknappte, realitätsnahe Dialoge,
- parataktisch ausgerichteter Satzbau, Verwendung von Ellipsen,
- Erzählung des äußeren Hergangs, keine Psychologisierung des Geschehens,
- bewusstes Weglassen von Informationen, Erzeugung von Leerstellen, die der Leser imaginativ füllen muss,
- Verdichtung des Geschehens in vieldeutigen Metaphern und Symbolen,
- offenes Ende.

Sommerhaus, später

Judith Hermann

Sommerhaus, später (1998) – Erzählungsbeginn

*Judith Hermann, (*1970)*

Stein fand das Haus im Winter. Er rief mich irgendwann in den ersten Dezembertagen an und sagte: „Hallo“, und schwieg. Ich schwieg auch. Er sagte: „Hier ist Stein“, ich sagte: „Ich weiß“, er sagte: „Wie geht's denn“, ich sagte: „Warum rufst du an“, er sagte: „Ich hab's gefunden“, ich fragte verständnislos: „Was hast du gefunden?“, und er antwortete gereizt: „Das Haus! Ich hab das Haus gefunden.“
Haus. Ich erinnerte mich. Stein und sein Gerede von *dem* Haus, raus aus Berlin, Landhaus, Herrenhaus, Gutshaus, Linden davor, Kastanien dahinter, Himmel darüber, See märkisch, drei Morgen Land mindestens, Karten ausgebreitet, markiert, Wochen in der Gegend rumgefahren, suchend. Wenn er dann zurückkam, sah er komisch aus, und die anderen sagten: „Was erzählt der bloß. Das wird doch nie was.“ Ich vergaß das, wenn ich Stein nicht sah. Wie ich auch ihn vergaß.
Ich zündete mir mechanisch eine Zigarette an, wie immer, wenn Stein irgendwie auftrat und mir also wenig einfiel. Ich sagte zögernd: „Stein? Hast du's gekauft?“, und er schrie: „Ja!“, und dann fiel ihm der Hörer aus der Hand. Ich hatte ihn noch nie schreien gehört. Und dann war er wieder dran und schrie weiter, schrie: „Du *musst* es dir ansehen, es ist unglaublich, es ist großartig, es ist toll!“ Ich fragte nicht, wieso gerade ich mir das ansehen sollte. Ich hörte zu, obwohl er dann lange nichts mehr sagte.
„Was machst du gerade?“, fragte er schließlich, es klang geradezu obszön, und seine Stimme zitterte ein wenig. „Nichts“, sagte ich. „Ich sitze so rum und lese Zeitung.“ – „Ich hol dich ab. In zehn Minuten“, sagte Stein und legte auf.
Fünf Minuten später war er da, nahm den Daumen auch dann noch nicht von der Klingel, als ich ihm schon lange geöffnet hatte. Ich sagte: „Stein, das nervt. Hör auf zu klingeln“, ich wollte sagen: Stein, es ist saukalt draußen, ich habe keine Lust, mit dir rauszufahren, verschwinde. Stein hörte auf zu klingeln, legte den Kopf schief, wollte was sagen, sagte nichts. Ich zog mich an. Wir fuhren los, sein Taxi roch nach Zigaretten, ich kurbelte das Fenster herunter und hielt mein Gesicht in die kalte Luft.
Die Beziehung zu Stein, wie die anderen das nannten, lag damals schon zwei Jahre zurück. Sie hatte nicht lange angedauert und vor allem aus gemeinsamen Fahrten mit seinem Taxi bestanden. Ich hatte ihn in seinem Taxi kennengelernt. Er hatte mich zu einem Fest gefahren und auf der Autobahn eine Trans-AM-Kassette[1] in den Rekorder geschoben, als wir da waren, sagte ich, das Fest sei jetzt doch woanders, und wir fuhren weiter, und irgendwann schaltete er die Uhr ab. Er kam mit zu mir. Er stellte seine Plastiktüten in meinen Flur und blieb drei Wochen lang. Stein hatte nie eine eigene Wohnung besessen, er zog mit diesen Tüten durch die Stadt und schlief mal hier und mal da, und wenn er nichts fand, schlief er in seinem Taxi. Er war nicht das, was man sich unter einem Obdachlosen vorstellt. Er war sauber, gut angezogen, nie verwahrlost, er hatte Geld, weil er arbeitete, er hatte eben keine eigene Wohnung, vielleicht wollte er keine.
In den drei Wochen, in denen Stein bei mir lebte, fuhren wir mit seinem Taxi durch die Stadt. Das erste Mal über die Frankfurter Allee, bis zu ihrem Ende und wieder zurück, wir hörten Massive Attack[2] und rauchten und fuhren die Frankfurter Allee wohl eine Stunde lang rauf und runter, bis Stein sagte: „Verstehst du's?“

1 **Trans-AM:** amerikanische Synthie-Rockband, die nur auf einem Independent-Label veröffentlicht

2 **Massive Attack:** stilprägende britische Trip-Hop-Band

Mein Kopf war völlig leer, ich fühlte mich ausgehöhlt und in einem seltsamen Schwebezustand, die Straße vor uns war breit und nass vom Regen, die Scheibenwischer schoben sich über die Windschutzscheibe, vor – zurück. Die Stalin-Bauten zu beiden Seiten der Straße waren riesig und fremd und schön. Die Stadt war nicht mehr die Stadt, die ich kannte, sie war autark und menschenleer, Stein sagte: „Wie ein ausgestorbenes Riesentier", ich sagte, ich würde ihn verstehen, ich hatte aufgehört zu denken.

Danach fuhren wir fast immer mit dem Taxi herum. Stein hatte für jede Strecke eine andere Musik, Ween[3] für die Landstraßen, David Bowie[4] für die Innenstadt, Bach[5] für die Alleen, Trans-AM nur für die Autobahn. Wir fuhren fast immer Autobahn. Als der erste Schnee fiel, stieg Stein an jedem Rastplatz aus dem Auto, rannte auf den verschneiten Acker und vollführte dort langsame und konzentrierte Taekwondo-Bewegungen, bis ich lachend und wütend schrie, er solle zurückkommen, ich wolle weiterfahren, mir sei kalt.

Irgendwann hatte ich genug. Ich packte ihm seine drei Plastiktüten zusammen und sagte, es sei Zeit, dass er sich eine neue Bleibe suche. Er bedankte sich und ging. Er zog zu Christiane, die unter mir wohnte, dann zu Anna, zu Henriette, zu Falk, dann zu den anderen. Er vögelte sie alle, das ließ sich nicht vermeiden, er war ziemlich schön, Fassbinder[6] hätte seine helle Freude an ihm gehabt. Er war dabei. Und auch nicht. Er gehörte nicht dazu, aber aus irgendeinem Grund blieb er. Er saß Modell in Falks Atelier, legte Kabel auf Annas Konzerten, hörte Heinzes Lesungen im Roten Salon. Er applaudierte im Theater, wenn wir applaudierten, trank, wenn wir tranken, nahm Drogen, wenn wir sie nahmen. Er war auf den Festen dabei, [...] meist sah er uns an, als ob wir auf einer Bühne agierten.

3 **Ween:** amerikanische Rockband, die in ihren Stücken Country-, Folk- und Rock 'n' Roll-Elemente verarbeitet

4 **David Bowie (*1947):** einflussreicher britischer Rockmusiker, der zeitweise in Berlin lebte

5 **Johann Sebastian Bach (1685–1750):** Komponist des Barockzeitalters

6 **Rainer Werner Fassbinder (1945–1982):** deutscher Regisseur, Schauspieler und Autor; gilt als einer der wichtigsten Vertreter des Neuen Deutschen Films

Arbeitsanregungen

1. Formulieren Sie Ihre ersten Eindrücke vom Lebensstil der beiden zentralen Figuren in einem Schnittmengencluster.

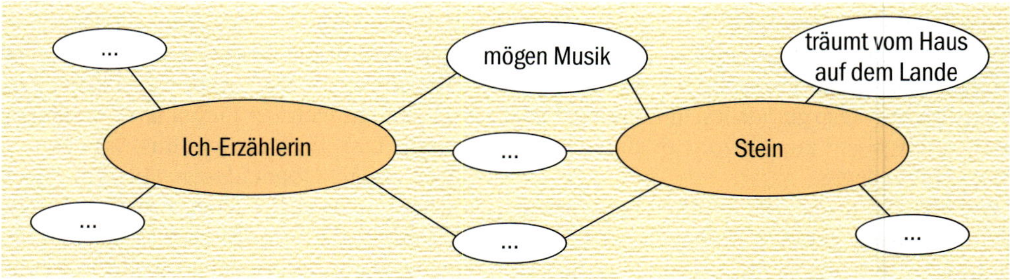

2. Setzen Sie sich eingehender mit den beiden Hauptfiguren der Erzählung auseinander.
   a) Beschreiben Sie Leben und Weltwahrnehmung der Ich-Erzählerin. Berücksichtigen Sie dabei auch ihr Gesprächsverhalten in dem eingangs geschilderten Telefonat.
   b) Charakterisieren Sie Stein. Gehen Sie dabei auch auf seinen Namen, seinen Beruf und seine Stellung innerhalb der Clique um die Ich-Erzählerin ein.
   c) Beurteilen Sie die Lebenseinstellung und -gestaltung der beiden Figuren aus Ihrer Sicht.
3. a) Erläutern Sie die Bedeutung der im Text erwähnten Musik für Stein und die Ich-Erzählerin.
   b) Sind Ihnen aus Ihrem eigenen Umgang mit Musik ähnliche Erfahrungen vertraut? Beschreiben Sie diese.
4. Stellen Sie Vermutungen dazu an, wie sich die Beziehung zwischen Stein und der Ich-Erzählerin weiter entwickeln wird.

Judith Hermann

Sommerhaus, später (1998) – Zweiter Auszug

Ich dachte: „Und das war's", als ich jetzt neben Stein im Taxi saß, Frankfurter Allee Richtung Prenzlau, Nachmittagsverkehr. Der Tag war diesig und kalt, Staub in der Luft, glotzende, blöde, fingerreckende, müde Autofahrer neben uns. Ich rauchte eine Zigarette und fragte mich, warum gerade ich jetzt neben Stein sitzen musste, warum er gerade mich angerufen hatte – weil ich ein Anfang gewesen war, für ihn? Weil er Anna oder Christiane oder Toddi nicht erreicht hatte? Weil keiner von denen mit ihm rausgefahren wäre? Und warum fuhr ich mit ihm raus? Ich kam an keine Antwort heran. Ich warf die Zigarettenkippe aus dem Fenster, ignorierte den Kommentar des Autofahrers neben uns; im Taxi war es scheußlich kalt. „Stimmt was mit der Heizung nicht, Stein?" Stein antwortete nicht. Es war das erste Mal, dass wir wieder zusammen in seinem Auto saßen, seit damals, ich sagte nachsichtig: „Stein, was ist das für ein Haus. Was hast du dafür bezahlt." Stein schaute unkonzentriert in den Rückspiegel, fuhr über rote Ampeln, wechselte unentwegt die Spur, zog die Glut seiner Zigarette bis an die Lippen herunter. „80 000", sagte er. „Ich hab 80 000 Mark dafür bezahlt. Es ist schön. Ich hab's gesehen, und hab gewusst – das ist es." Er hatte rote Flecken im Gesicht und hämmerte mit der flachen Hand auf die Hupe, während er einem Bus die Vorfahrt nahm. Ich sagte: „Woher hast du 80 000 Mark?", er warf mir einen kurzen Blick zu und antwortete: „Du stellst die falschen Fragen." Ich beschloss, nichts mehr zu sagen.

Wir verließen Berlin, Stein fuhr von der Autobahn hinunter auf die Landstraße, es begann zu schneien. [...]

[Nach einem Zwischenstopp in Angermünde, bei dem Stein und die Ich-Erzählerin von den vorherigen Bewohnern des Hauses – einer Frau, an deren Kittel sich ein Kind krallt – ein Schlüsselbund ausgehändigt bekommen, setzen sie ihre Fahrt fort.]

Ich sagte: „Es ist schön, dass wir da zusammen hinfahren, Stein", und er weigerte sich, mich anzusehen, und sagte: „Jedenfalls kann man von der Veranda aus die Sonne hinterm Kirchturm untergehen sehen. Und wir sind gleich da. Hinter Angermünde kommt Canitz, und in Canitz steht das Haus."

Canitz war schlimmer als Lunow, schlimmer als Templin, schlimmer als Schönwalde. Graue, geduckte Häuser auf beiden Seiten der gekrümmten Landstraße, Bretterverschläge vor vielen Fenstern, kein Laden, kein Bäcker, kein Gasthaus. Das Schneegestöber nahm zu. „Viel Schnee hier, Stein", sagte ich, und er sagte: „Klar", als hätte er den Schnee zusammen mit dem Haus gekauft. Als auf der linken Seite der Straße die Dorfkirche auftauchte, dann doch schön und rot mit einem runden Glockenturm, fing Stein an, ein summendes, seltsames Geräusch zu machen, wie eine Fliege, die im Sommer gegen die geschlossenen Fenster stößt. Er lenkte das Auto auf einen kleinen Querweg, bremste ab, nahm im selben Moment mit einer emphatischen Geste die Hände vom Lenkrad und sagte: „Das ist es."

Ich sah aus dem Autofenster und dachte: „Das ist es noch fünf Minuten." Das Haus sah aus, als würde es jeden Moment lautlos und plötzlich in sich zusammenfallen. Ich stieg aus und schloss die Wagentür so vorsichtig, als könne jede Erschütterung eine zu viel sein, und auch Stein lief auf Zehenspitzen auf das Haus zu. Das Haus war ein Schiff. Es lag am Rand dieser canitzschen Dorfstraße wie ein in lange vergangener Zeit gestrandetes, stolzes Schiff. Es war ein großes, zweistöckiges Gutshaus aus rotem Ziegelstein, es hatte ein skelettiertes Giebeldach mit zwei hölzernen Pferdeköpfen zu beiden Seiten, in den meisten Fenstern waren keine Scheiben mehr. Die windschiefe Veranda wurde nur noch vom dichten Efeu zusammengehalten, und durchs Mauerwerk liefen daumendicke Risse. Das Haus war schön. Es war *das* Haus. Und es war eine Ruine.

Das Tor, von dem Stein versuchte, das Schild mit der Aufschrift „Zu verkaufen" zu entfernen, sank mit einem Klagelaut um. Wir stiegen darüber hinweg, dann blieb ich stehen, erschrocken über Steins Gesichtsausdruck, und sah, wie er hinter dem Efeu der Veranda verschwand. Kurz darauf fiel ein Fensterrahmen aus dem Haus, Steins fieberndes Gesicht erschien zwischen den Glaszacken einer Scheibe, angeleuchtet vom Schein einer Petroleumlampe.

„Stein!", rief ich. „Komm da raus! Es stürzt zusammen!"

„Komm rein!“, rief er zurück. „Es ist doch mein Haus!“

Ich fragte mich kurz, weshalb das beruhigend sein sollte, dann stolperte ich über Mülltüten und Schrott auf die Veranda zu. Ihre Bretter ächzten, der Efeu verschluckte sofort jedes Licht, ich schob angewidert die Ranken beiseite, und dann zog mich Steins eiskalte Hand in den Hausflur hinein. Ich griff zu. Ich griff nach seiner Hand, plötzlich wollte ich seine Berührung nicht wieder verlieren, und erst recht nicht den Schein seiner kleinen Petroleumfunzel; Stein summte, und ich folgte ihm.

Er stieß alle Fensterläden in den Garten hinaus, und wir sahen das letzte Tageslicht durch die roten Scheibensplitter der Türen. Das Schlüsselbund, das schwer in meiner Jackentasche wog, war überhaupt nicht notwendig, alle Türen standen offen oder waren nicht mehr vorhanden. Stein leuchtete, zeigte, beschrieb, stellte sich atemlos vor mich hin, wollte etwas sagen, sagte nichts, zog mich weiter. Streichelte Treppengeländer und Klinken, klopfte gegen Wände, zupfte Tapete herunter und bestaunte den staubigen Putz, der darunter zum Vorschein kam. Er sagte: „Siehst du?“ und: „Fühl mal!“ und: „Wie findest du das?“, ich brauchte ihm nicht zu antworten, er redete zu sich selbst. Er kniete sich in der Küche auf den Boden, wischte mit den Händen den Dreck von den Fliesen und sprach vor sich hin; ich klammerte mich die ganze Zeit über an ihn und war doch nicht mehr vorhanden.

An den Wänden hatten Jugendliche ihre Markierungen hinterlassen – *Geh zu ihr und lass deinen Drachen steigen. Ich war hier. Mattis. No risk, no fun* – ich sagte: „Geh zu ihr und lass deinen Drachen steigen“, Stein drehte sich plötzlich irr zu mir herum und sagte: „Was?“, ich sagte: „Nichts.“ Er packte mich am Arm und schob mich vor sich her, stieß die Hintertür mit einem Fußtritt in den Garten hinaus und mich eine kleine Treppe herunter.

„Hier.“

Ich sagte: „Was – hier.“

„Na alles!“, sagte Stein, ich hatte ihn noch nie so unverschämt erlebt. „See, märkisch, Kastanien auf dem Hof, drei Morgen Land, ihr könnt euer gottverdammtes Gras hier anbauen und Pilze und Hanf und Scheiße. Platz genug, verstehst du? Platz genug! Ich mach euch hier ’nen Salon und ’n Billardzimmer und ’n Raucherzimmer und jedem seinen eigenen Raum und großer Tisch hinterm Haus für Scheißessen und Dreck, und dann kannste aufstehen und zur Oder laufen und dir da Koks einfahren, bis dir der Schädel platzt“, er drehte grob meinen Kopf aufs Land hinaus, es war zu dunkel, ich konnte fast nichts mehr erkennen, ich fing an zu zittern.

Ich sagte: „Stein. Bitte. Hör auf.“

Er hörte auf. Er schwieg, wir schauten uns an, wir atmeten heftig und fast im gleichen Rhythmus. Er legte seine Hand langsam an mein Gesicht, ich zuckte zurück, er sagte: „In Ordnung. In Ordnung, in Ordnung. O.K.“

Ich stand still. Ich verstand nichts. Sehr fern verstand ich doch etwas, aber es war noch viel zu weit weg. Ich war erschöpft und matt, ich dachte an die anderen und spürte eine kurze Wut darüber, dass sie mich hier alleine gelassen hatten, dass niemand da war, Christiane nicht, Anna nicht, Heinze nicht, um mich vor Stein zu schützen. Stein scharrte mit den Füßen herum und sagte: „Tut mir leid.“

Ich sagte: „Macht nichts. Schon gut.“

Er nahm meine Hand, seine Hand war jetzt warm und weich, er sagte: „Also, die Sonne hinterm Kirchturm.“

Er wischte auf der Veranda den Schnee von den Treppenstufen und forderte mich zum Sitzen auf. Ich setzte mich. Mir war unglaublich kalt. Ich nahm die angezündete Zigarette, die er mir hinhielt, rauchte, starrte auf den Kirch-

Puhdys

Geh zu ihr (1973)

Geh zu ihr und lass deinen Drachen steigen.
Geh zu ihr, denn du lebst ja nicht vom Moos allein.
Augen zu, dann siehst du nur diese eine!
Halt’ sie fest und lass deinen Drachen steigen.

[…]

turm, hinter dem die Sonne schon untergegangen war. Ich hatte das schuldige Gefühl, irgendetwas Zukunftsweisendes, Optimistisches sagen zu müssen, ich fühlte mich verwirrt, ich sagte: „Ich würde den Efeu von der Veranda wegmachen, im Sommer. Sonst können wir nichts sehen, wenn wir hier sitzen wollen und Wein trinken.“

Stein sagte: „Mach ich.“

Ich war mir sicher, dass er überhaupt nicht zugehört hatte. Er saß neben mir, er sah müde aus, er schaute auf die leere, schneeweiße, kalte Straße; ich dachte an den Sommer, an die Stunde in Heinzes Garten in Lunow, ich wünschte mir, dass mich Stein noch einmal so ansehen würde, wie er mich damals angesehen hatte, und ich hasste mich dafür. Ich sagte: „Stein, kannst du mir was sagen, bitte? Kannst du mir vielleicht irgendetwas erklären?“

Stein schnickte seine Zigarette in den Schnee, sah mich nicht an, sagte: „Was soll ich dir denn sagen. Das hier ist eine Möglichkeit, eine von vielen. Du kannst sie wahrnehmen oder du kannst es bleiben lassen. Ich kann sie wahrnehmen oder abbrechen und woanders hingehen. Wir können sie zusammen wahrnehmen oder so tun, als hätten wir uns nie gekannt. Spielt keine Rolle. Ich wollt's dir nur zeigen, das ist alles.“

Ich sagte: „Du hast 80 000 Mark bezahlt, um mir eine Möglichkeit zu zeigen, eine von vielen? Hab ich das richtig verstanden? Stein? Was soll das?“

Stein reagierte nicht. Er beugte sich vor und sah angestrengt auf die Straße, ich folgte seinem Blick; die Straße war dämmrig, der Schnee reflektierte das letzte Licht und blendete. Auf der anderen Straßenseite stand jemand. Ich kniff die Augen zusammen und richtete mich auf, die Gestalt war vielleicht fünf Meter entfernt, sie drehte sich um und lief in den Schatten zwischen zwei Häusern. Ein Gartentor klappte, ich war überzeugt, das Kind aus Angermünde erkannt zu haben, das blasse, blöde Kind, das sich an den Kittel der Frau gekrallt hatte.

Stein stand auf und sagte: „Lass uns fahren.“

Ich sagte: „Stein – das Kind. Aus Angermünde. Warum steht es hier auf der Straße herum und beobachtet uns?“

Ich wusste, dass er nicht antworten würde. Er hielt mir die Wagentür auf, ich blieb vor ihm stehen, ich wartete auf irgendetwas, auf eine Berührung, auf eine Geste. Ich dachte: ‚*Du* wolltest doch immer mit uns sein.‘

Stein sagte kühl: „Danke, dass du mitgekommen bist.“

Da stieg ich ins Auto.

Arbeitsanregungen

1. a) Analysieren Sie mit Hilfe eines Schaubilds den Dialog zwischen Stein und der Ich-Erzählerin. Achten Sie dabei sowohl auf das verbale als auch auf das nonverbale Gesprächsverhalten der Figuren.

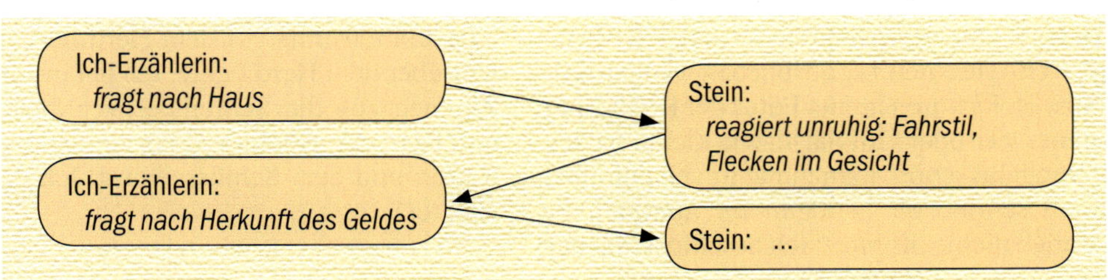

   b) Markieren Sie in Ihrem Schaubild die Punkte, an denen das Gespräch eine neue Wendung nimmt, und interpretieren Sie diese im Hinblick auf die Beziehung zwischen Stein und der Ich-Erzählerin.
2. Das Graffiti, auf das die Ich-Erzählerin im Inneren des Hauses stößt (Z. 136 ff.), zitiert eine Zeile aus dem Lied „Geh zu ihr“ der Puhdys, einer DDR-Band (▶ S. 54). Erläutern Sie die Bedeutung des Musiktitels im Kontext der Erzählung. Warum spricht die Ich-Erzählerin das Graffiti laut aus? Welche Wünsche verbindet sie damit?
3. Das titelgebende „Sommerhaus“ ist der zentrale Schlüssel zum Verständnis der Erzählung.
   a) Fertigen Sie eine Zeichnung des Hauses an.
   b) Erläutern Sie die Metapher des Hauses vor dem Hintergrund der Beziehung zwischen Stein und der Ich-Erzählerin. Gehen Sie dabei von den Merkmalen aus, die dem Haus zugeschrieben werden.

Judith Hermann

Sommerhaus, später (1998) – Erzählungsende

Was für eine Musik wir auf der Rückfahrt gehört haben, weiß ich nicht mehr. Ich habe Stein in den darauffolgenden Wochen auch nur selten gesehen. Die Seen froren zu, wir kauften Schlittschuhe, zogen nachts mit Fackeln durch den Wald und aufs Eis hinaus. [...] Stein war manchmal dabei. Er küsste Henriette, und wenn er das tat, schaute ich weg. Wir gingen uns aus dem Weg. Er hatte niemandem erzählt, dass er das Haus nun endlich gekauft hatte, er hatte nicht erzählt, dass er mit mir rausgefahren war. Ich auch nicht. [...]

Im März verschwand Stein. Er erschien nicht zu Heinzes dreißigstem Geburtstag und nicht zu Christianes Premiere und auch nicht zu Annas Konzert. Er war weg, und als Henriette blöde unauffällig fragte, wo er sei, zuckten sie mit den Schultern. Ich zuckte nicht mit den Schultern, aber ich schwieg. Eine Woche später kam die erste Karte. Es war ein Foto der Dorfkirche von Canitz, und auf der Rückseite stand:

Das Dach ist dicht. Das Kind putzt sich die Nase, spricht nicht, ist immer da. Auf die Sonne ist Verlass, ich rauche, wenn sie geht, ich habe was gepflanzt, das kannst du essen. Den Efeu schneid ich, wenn du kommst, du weißt, du hast die Schlüssel immer noch.

Danach kamen regelmäßig Karten, ich wartete, wenn sie einen Tag ausblieben, war ich enttäuscht. Es waren immer Fotos der Kirche und immer vier oder fünf Sätze, wie kleine Rätsel, manchmal schön, manchmal unverständlich. Stein schrieb oft ... *wenn du kommst.* Er schrieb nicht: „Komm." Ich beschloss, auf das „Komm" zu warten und dann loszufahren. Im Mai kam keine Karte, aber ein Brief. Ich betrachtete Steins ungelenke, große Handschrift auf dem Umschlag, kroch zu Falk ins Bett zurück und riss das Papier auf. Falk schlief noch und schnarchte. Im Umschlag war ein aus dem Angermünder Anzeiger ausgeschnittener Zeitungsartikel, Stein hatte das Datum auf die Rückseite gekritzelt. Ich schob Falks schlafwarmen Körper beiseite, faltete den Artikel auseinander und las:

REGIONALES
In der Nacht zu Freitag brannte in Canitz das ehemalige Gutshaus bis auf die Grundmauern ab. Der Besitzer, ein Berliner, der das im 18. Jahrhundert erbaute Haus vor einem halben Jahr gekauft und wieder instandgesetzt hatte, ist seitdem als vermisst gemeldet. Die Unglücksursache steht noch nicht fest, die Polizei schließt Brandstiftung bisher nicht aus.

Ich las das dreimal. Falk bewegte sich. Ich starrte von dem Artikel auf Steins Handschrift auf dem Briefumschlag und zurück auf den Artikel. Der Poststempel auf der Briefmarke war aus Stralsund. Falk wachte auf, sah mich einen Moment lang teilnahmslos an, griff dann nach meinem Handgelenk und fragte mit der fiesen Schläue der Dummen:

„Was ist das?"

Ich zog meine Hand weg, stieg aus dem Bett und sagte: „Nichts."

Ich ging in die Küche und stand zehn Minuten lang stumpfsinnig vor dem Herd herum. Die Uhr über dem Herd tickte. Ich lief ins hintere Zimmer, zog die Schreibtischschublade auf und legte den Briefumschlag zu den anderen Karten und dem Schlüsselbund. Ich dachte: „Später."

Arbeitsanregungen

1. a) Erläutern Sie Steins Briefe an die Ich-Erzählerin. Welche Intention verfolgt er mit ihnen?
   b) „Sommerhaus, später": Deuten Sie den Titel der Erzählung unter Berücksichtigung des Endes.
2. Stellen Sie sich vor, Stein und die Ich-Erzählerin treffen sich drei Jahre später zufällig an der Ostseeküste wieder. Verfassen Sie einen Dialog der beiden, in dem sie offen über ihr Verhalten und ihre Motive zur Zeit der Erzählungshandlung sprechen (▸ Methodenbaustein, S. 36).
3. Untersuchen Sie, inwiefern die gesamte Erzählung Merkmale zeitgenössischer Kurzprosa aufweist (▸ Information, S. 50).

Faserland

Christian Krachts Roman „Faserland", der bei seinem Erscheinen 1995 ein ebenso heftiges wie kontroverses Echo auslöste, gilt heute als „Gründungsdokument" (Moritz Baßler) der deutschen Popliteratur. Kracht (*1966) schickt darin seine Ich-Figur auf eine Reise quer durch Deutschland: Von Sylt über Hamburg, Frankfurt, Heidelberg, München und den Bodensee fährt der jugendliche Ich-Erzähler in die Schweiz und notiert, unterbrochen von Erinnerungen an die eigene Kindheit, was ihm auf dieser Reise begegnet.

Christian Kracht

Faserland (1995) – Romanbeginn

Also, es fängt damit an, dass ich bei Fisch-Gosch in List auf Sylt stehe und ein Jever aus der Flasche trinke. Fisch-Gosch, das ist eine Fischbude, die deswegen so berühmt ist, weil sie die nördlichste Fischbude Deutschlands ist. Am obersten Zipfel von Sylt steht sie, direkt am Meer, und man denkt, da käme jetzt eine Grenze, aber in Wirklichkeit ist da bloß eine Fischbude.

Also, ich stehe da bei Gosch und trinke ein Jever. Weil es ein bisschen kalt ist und Westwind weht, trage ich eine Barbourjacke mit Innenfutter. Ich esse inzwischen die zweite Portion Scampis mit Knoblauchsoße, obwohl mir nach der ersten schon schlecht war. Der Himmel ist blau. Ab und zu schiebt sich eine dicke Wolke vor die Sonne. Vorhin hab ich Karin wiedergetroffen. Wir kennen uns noch aus Salem, obwohl wir damals nicht miteinander geredet haben, und ich hab sie ein paarmal im Traxx in Hamburg gesehen und im P1 in München.

Karin sieht eigentlich ganz gut aus, mit ihrem blonden Pagenkopf. Bisschen zu viel Gold an den Fingern für meinen Geschmack. Obwohl, so wie sie lacht, wie sie das Haar aus dem Nacken wirft und sich leicht nach hinten lehnt, ist sie sicher gut im Bett. Außerdem hat sie mindestens schon zwei Gläser Chablis getrunken. Karin studiert BWL in München. Das erzählt sie wenigstens. Genau kann man so was ja nicht wissen. Sie trägt auch eine Barbourjacke, allerdings eine blaue. Eben, als wir über Barbourjacken sprachen, hat sie gesagt, sie wolle sich keine grüne kaufen, weil die blauen schöner aussehen, wenn sie abgewetzt sind. Das glaube ich aber nicht. Meine grüne Barbour gefällt mir besser. Abgewetzte Barbourjacken, das führt zu nichts. Das erkläre ich später, was ich damit meine.

Karin ist mit dem dunkelblauen S-Klasse-Mercedes ihres Bruders hier, der in Frankfurt Warentermingeschäfte macht. Sie erzählt, dass der Mercedes ganz gut ist, weil der wahnsinnig schnell fährt und ein Telefon hat. Ich sage ihr, dass ich Mercedes aus Prinzip nicht gut finde. Dann sagt sie, dass es sicher heute Abend regnen wird, und ich sage ihr: Nein, ganz bestimmt nicht. Ich stochere mit der Gabel in den Scampis herum. Ich mag die nicht mehr aufessen. Karin hat ziemlich blaue Augen. Ob das gefärbte Kontaktlinsen sind?

Jetzt erzählt sie von Gaultier und dass der nichts mehr auf die Reihe kriegt, designmäßig, und dass sie Christian Lacroix viel besser findet, weil der so unglaubliche Farben verwendet oder so ähnlich. Ich hör nicht genau zu.

Andauernd ruft jemand von Gosch über das Mikrofon irgendwelche bestellten Muschelgerichte aus und das lenkt mich immer wieder ab, weil ich mir vorstelle, dass eine der Muscheln verseucht ist und heute Nacht irgendein chablistrinkender Prolet ganz schlimme Bauchschmerzen kriegt und ins Krankenhaus gebracht werden muss mit Verdacht auf Salmonellen oder irgend so was. Ich muss grinsen, wie ich mir das vorstelle, und Karin denkt, ich grinse über den Witz, den sie gerade erzählt hat, und grinst zurück, obwohl ich, wie gesagt, gar nicht zugehört hab.

Ich zünde mir eine Zigarette an, und während Karin weitererzählt, beobachte ich, wie ein schwarzer Windhund mit einem Halsband, auf das

so winzige, goldene Kühe geklebt sind, eine große Kackwurst neben einen Tisch setzt. Der Hund kackt komischerweise halb im Stehen, und ich kann genau erkennen, wie ein Viertel der Wurst an seinem Hintern kleben bleibt.
Ich muss schon wieder grinsen, obwohl mir jetzt richtig schlecht ist, weil ja auch die Scampis irgendwie komisch geschmeckt haben, und ich unterbreche Karin und frage sie, ob wir nicht ins Odin fahren wollen, nach Kampen. Sie sagt ja, und ich trinke mein Bier aus, obwohl mir Jever eigentlich gar nicht schmeckt, und wir laufen zu ihrem Auto, da ich gerade keine Lust habe, in meinem engen Triumph zu sitzen.
Sie schließt ihren Wagen auf, und wir steigen ein, und es riecht innen noch ganz neu, nach Leder. Ich werfe meine Zigarette aus dem Fenster, während Karin losfährt, weil ich diesen neuen Geruch nicht zerstören mag und weil sie nicht raucht. Sie legt eine Kassette ein, und während ein ganz schlechtes Lied von Snap aus den Boxen kommt, überholt sie einen Golf, in dem ein ziemlich hübsches Mädchen sitzt. Ich setze meine Sonnenbrille auf, und Karin erzählt irgendetwas, und ich sehe aus dem Fenster.
Links und rechts der Straße rast Sylt an uns vorbei, und ich denke: Sylt ist eigentlich super schön. Der Himmel ist ganz groß, und ich habe so ein Gefühl, als ob ich die Insel genau kenne. Ich meine, ich kenne das, was unter der Insel liegt oder dahinter, ich weiß jetzt nicht, ob ich mich da richtig ausgedrückt habe. Ich kann mich natürlich auch täuschen.

Arbeitsanregungen

1. Beschreiben Sie die Beziehung des Ich-Erzählers zu Karin.
2. a) Der Text ist gespickt mit zahlreichen Marken- und Ortsnamen. Informieren Sie sich darüber, was sich jeweils hinter diesen Namen verbirgt.
   b) Erläutern Sie die Bedeutung der genannten Marken- und Ortsnamen im Kontext des Romanauszugs. Was sagen sie über die Weltwahrnehmung und das Selbstbild des Ich-Erzählers aus?
   c) Untersuchen Sie auch andere Besonderheiten der sprachlichen Gestaltung (▸ Methodenbaustein, S. 47) und arbeiten Sie ihren Beitrag zur Charakterisierung des Ich-Erzählers heraus.
3. Verfassen Sie einen Paralleltext zu diesem Romananfang, indem Sie in Ihren Text Ihnen wichtige Marken- und Ortsnamen einflechten (▸ Methodenbaustein, S. 36). Der Text könnte wie folgt beginnen:
   Also, ich stand an einer Pommesbude und ...

Christian Kracht

Faserland (1995) – Zweiter Auszug

Der Ich-Erzähler fährt von Sylt aus mit dem Zug nach Hamburg, um dort seinen Freund Nigel zu besuchen.

Nigels Klingelschild ist aus ganz altem, ungeputztem Messing. Ich glaube, der macht das absichtlich, dass sein Klingelschild so angelaufen und ein bisschen schäbig ist. Ungefähr so wie mit den Barbourjacken. Ich drücke auf die Klingel, und Nigel kommt die Treppe heruntergelaufen, macht die Tür auf, grinst bis über beide Ohren und schnappt sich meinen Koffer.
Ich sehe mir den Nigel an, und wieder mal merke ich, dass er immer ein bisschen schäbig angezogen ist, nicht so direkt schäbig, ich würde ihm das ja auch nie sagen, weil er mein Freund ist, aber ich meine, so indirekt und irgendwie schlampig. Seine Pullis haben Löcher, richtige Mottenlöcher sind das schon, und seine Hemden sind nie gebügelt, wenn er denn welche trägt, denn meistens trägt er irgendwelche T-Shirts, auf denen das Logo einer Firma steht, ich meine, so richtige Firmen wie Esso oder Ariel Ultra oder Milka. Ich weiß auch nicht, warum er das macht, er hat es mir mal erklärt, da waren wir ziemlich betrunken, und da hatte er mich in eine ekelhafte Kneipe auf dem Kiez geschleppt, die hieß Cool, glaube ich, und da hat er mir erklärt, dass das die größte aller Provokationen sei, T-Shirts mit den Namen bekannter Firmen drauf zu tragen. Wen will er denn provozieren damit, habe ich ihn damals gefragt, und er hat gesagt: Linke, Nazis, Ökos, Intellektuelle, Busfahrer, ein-

fach alle. Ich hab das damals nicht ganz verstanden, aber ich habe es mir gemerkt.
Jedenfalls laufen wir zusammen die Treppe hoch, und ich sehe auf Nigels Nacken, der immer sauber ausrasiert ist, wie mein Nacken auch. Wir haben beide sowieso ziemlich ähnliche Frisuren, vorne lang und hinten ziemlich kurz. Also, Nigel erklärt mir irgendetwas und gestikuliert mit der freien Hand in der Luft, und ich schwöre, dass ich zuhören will, aber es gelingt mir einfach nicht, weil ich diesen Geruch in die Nase kriege, den Geruch von Bohnerwachs. Bei diesem Geruch muss ich immer an meine erste große Liebe denken.

Arbeitsanregungen

1. Analysieren Sie die Beschreibung Nigels und vergleichen Sie sie mit der Karins im ersten Auszug.
2. Beurteilen Sie, wie der Ich-Erzähler zu Nigel und seinem Lebensentwurf steht.

Christian Kracht

Faserland (1995) – Dritter Auszug

Auf einer Party in Heidelberg.

Ich kann Nadja nirgends sehen, und auf einmal fühle ich mich sehr allein auf dieser Party und sehr bedroht. [...] Aber es kommt noch schlimmer: Neben der Küche steht eine Tür offen, eine Kellertür, und aus irgendeinem Grund gehe ich hinunter, die Treppen hinab. Hier unten ist es noch viel kälter als oben, und es ist feucht, und die Luft riecht modrig.
In der Ecke des Kellers, neben einer Kiste mit Weinflaschen, liegt Nadja. Sie stützt sich mit einer Hand auf die Kiste, und mit der anderen Hand hält sie eine Spritze fest. Die Spritze steckt in ihrem Knöchel, knapp oberhalb des Schuhs. Neben ihr liegt Nigel. Er hat den rechten Arm mit einem Ledergürtel abgebunden, und aus einer kleinen Wunde in seiner Armbeuge rinnt ein dünner Streifen Blut.
Das glaube ich einfach nicht. Ich habe das Gefühl, als würde ich innerlich vollkommen ausrasten, als ob ich völlig den Halt verliere. So, als ob es gar kein Zentrum mehr gäbe. Nigel, rufe ich. Scheiße. Nigel. Er antwortet nicht. Ich frage ihn, ob er mich denn verdammt noch mal nicht kennt. Und er sagt, das sagt er wirklich: Sollten wir uns denn kennen? Dann lächelt er und verdreht die Augen, so, dass nur noch das Weiße zu sehen ist, und dann kriegt er so einen Ausdruck vollkommener Zufriedenheit im Gesicht, und dann sackt sein Kopf nach vorne, und die Haare fallen ihm in die Stirn. Auf seiner beigen Hose ist ein bisschen Kotze. Nadja zieht sich die Nadel aus dem Knöchel, sieht dann hoch und fängt an zu wimmern, aber sie sieht mich auch nicht. Im Inneren der Spritze, die sie in der Hand hält, schlängelt sich ein ganz dünner, roter Faden durch die helle Flüssigkeit.
Ich mache die Augen zu und laufe die Kellertreppe hoch, falle dabei ein paarmal hin und schürfe mir die Knie auf. Ich mache die Augen einfach nicht mehr auf. Oben, in der Halle läuft weiter diese ruhige Jazzmusik. Stan Getz fällt mir in diesem Moment ein, das ist Stan Getz. Da gab es mal eine CD, mit Astrud Gilberto. Walkman-Jazz hieß die. Oder war das eine Kassette? Gab es da überhaupt schon CDs? Auf dem Weg zur Tür stoße ich ein paar Bierflaschen um, weil ich ja noch die Augen zu habe, und sie zersplittern auf dem Fußboden, und irgendjemand ruft mir noch etwas hinterher, und dann lacht jemand, und wie ich draußen bin, vor der Tür, wird alles ganz gelb, obwohl ich doch die Augen zu hab, und dann falle ich ziemlich schnell in Ohnmacht.

Arbeitsanregungen

1. Analysieren Sie die Szene unter besonderer Berücksichtigung der Erzähler-Reaktionen auf das Geschehen.
2 Vergleichen Sie das Verhalten des Ich-Erzählers mit seinem Auftreten in den beiden vorherigen Romanauszügen. Berücksichtigen Sie dabei auch die erzähltechnische und sprachlich-stilistische Gestaltung des Textes (► Methodenbausteine, S. 17 u. 47).

Christian Kracht

Faserland (1995) – Vierter Auszug

Nach weiteren Zwischenstationen in München und am Bodensee endet die Reise des Ich-Erzählers schließlich in Zürich.

Während ich zur Bahnhofstraße zurücklaufe, denke ich an die Berge, die irgendwo hinter dem Zürichsee anfangen. Dort oben müsste man wohnen, auf einer Bergwiese, in einer kleinen Holzhütte, am Rande eines kalten Bergsees, der unterirdisch mit Schneewasser gespeist wird. Vielleicht müsste ich noch nicht mal auf diese Insel mit Isabella Rossellini[1], vielleicht würde es auch reichen, wenn ich mit ihr und den Kindern in dieser kleinen Hütte wohnen würde.

Jetzt, wenn der Sommer kommt, würden die Bienen summen, und dann würde ich mit den Kindern Ausflüge machen bis an die Baumgrenze, durch die dunklen Wälder streifen, und wir würden uns Ameisenhaufen ansehen, und ich könnte so tun, als würde ich alles wissen. Ich könnte ihnen alles erklären, und die Kinder könnten niemanden fragen, ob es denn wirklich so sei, weil sonst niemand da oben wäre. Ich hätte immer Recht. Alles, was ich erzählen würde, wäre wahr. Dann hätte es auch einen Sinn gehabt, sich alles zu merken. Ich würde ihnen von Deutschland erzählen, von dem großen Land im Norden, von der großen Maschine, die sich selbst baut, da unten im Flachland. Und von den Menschen würde ich erzählen, von den Auserwählten, die im Inneren der Maschine leben, die gute Autos fahren müssen und gute Drogen nehmen und guten Alkohol trinken und gute Musik hören müssen, während um sie herum alle dasselbe tun, nur eben ein ganz klein bisschen schlechter. Und dass die Auserwählten nur durch den Glauben weiterleben können, sie würden es ein bisschen besser tun, ein bisschen härter, ein bisschen stilvoller.

Von den Deutschen würde ich erzählen, von den Nationalsozialisten mit ihren sauber ausrasierten Nacken, von den Raketen-Konstrukteuren, die Füllfederhalter in der Brusttasche ihrer weißen Kittel stecken haben, fein aufgereiht. Ich würde erzählen von den Selektierern an der Rampe, von den Geschäftsleuten mit ihren schlecht sitzenden Anzügen, von den Gewerkschaftern, die immer SPD wählen, als ob wirklich etwas davon abhinge, und von den Autonomen, mit ihren Volxküchen und ihrer Abneigung gegen Trinkgeld.

Ich würde auch erzählen von den Männern, die nach Thailand fliegen, weil sie so gerne mächtig und geliebt wären, und von den Frauen, die nach Jamaica fliegen, weil sie ebenfalls mächtig und geliebt sein wollen. Von den Kellnern würde ich erzählen, von den Studenten, den Taxifahrern, den Nazis, den Rentnern, den Schwulen, den Bausparvertrags-Abschließern, von den Werbern, den DJs, den Ecstasy-Dealern, den Obdachlosen, den Fußballspielern und den Rechtsanwälten.

Das wäre aber alles eigentlich auch etwas, das der Vergangenheit angehören würde, dieses Erzählen da oben an dem Bergsee. Vielleicht brauchte ich das alles nicht zu erzählen, weil es die große Maschine ja nicht mehr geben würde. Sie wäre unwichtig, und da ich sie nicht mehr beachte, würde es sie nicht mehr geben, und die Kinder würden nie wissen, dass es Deutschland jemals gegeben hat, und sie wären frei, auf ihre Art.

*Christian Kracht (*1966)*

1 **Isabella Rossellini (*1952):** italienische Schauspielerin

Arbeitsanregungen

1. „Faserland" erzählt die Geschichte einer Reise, die den Ich-Erzähler vom äußersten Norden Deutschlands in dessen Süden und von dort weiter in die Schweiz führt. Erläutern Sie die mögliche Bedeutung dieser Reise. Gehen Sie in diesem Zusammenhang auch auf den Titel des Romans („Faserland") ein. Welche Assoziationen ruft er in Ihnen wach?
2. a) Beschreiben Sie das Deutschland-Bild des Ich-Erzählers.
   b) Vergleichen Sie das Deutschland-Bild und den ihm korrespondierenden Traum eines Lebens in den Bergen jenseits der „großen Maschine" (Z. 26) mit der Weltwahrnehmung des Ich-Erzählers im ersten Kapitel des Romans (► S. 57 f.). Welche Rückschlüsse bezüglich seines Lebensentwurfs ergeben sich?
3. Der folgende Textauszug entstammt einer Rezension von „Faserland" aus dem Jahre 2002. Erörtern Sie die in ihm vertretenen Thesen vor dem Hintergrund Ihrer Kenntnisse des Romans.

„Faserland" [ist] die Geschichte einer Reise, die im Verschwinden oder in der Selbstauslöschung endet – der Ekel vor der Welt ist immer auch ein Ekel vor sich selbst, was dem markenbewussten Nihilismus des Buchs einen poetischen, fast schon ethischen Kern gibt. Christian Krachts Weg, sich der Welt zu nähern, ist die Flucht; das Vorurteil ist seine Art, sich die Welt zu erschließen, und das Ressentiment ist seine Form der Romantik. [...] Die Welt, die Christian Kracht sieht, verachtet er; aber sie ist die einzige, die er hat. So willenlos und passiv aber dieser deutsche Dandy wirkt [...], so sehr reibt er sich doch wund an dieser Welt, von der er nichts will als Liebe und Glück und die ihm nichts gibt als „SPD-Nazis" und ICE-Funktionalität. [...] Es geht in „Faserland" um nicht weniger als die Möglichkeit von Freiheit.

(Georg Diez: Christian Kracht – Faserland. Aus: Frankfurter Allgemeine Zeitung, 17.03.2002)

4. a) Prüfen Sie, ob bzw. inwiefern sich die Hauptfiguren aus den Texten von Stamm (► S. 48 ff.), Hermann (► S. 51 ff.) und Kracht den in der 15. Shell-Jugendstudie beschriebenen Typen jugendlicher Wertorientierung (► S. 42 f.) zuordnen lassen.
   b) Diskutieren Sie, inwiefern die Beziehungen der jugendlichen Hauptfiguren dieser drei Texte von deren Suche nach Sinn und Identität zeugen.

Das popliterarische Quintett trifft sich im Berliner Hotel Adlon: Christian Kracht, Joachim Bessing, Benjamin von Stuckrad-Barre, Alexander von Schönburg (stehend, von links nach rechts), Eckhart Nickel (sitzend)

2 Generationskonflikte

Arbeitsanregungen

1. a) Beschreiben Sie die Beziehungen zwischen den Generationen, die auf den Fotos dargestellt sind.
   b) Überlegen Sie, über welche Themen sich die Personen auf den Fotos unterhalten könnten.
2. Diskutieren Sie, inwiefern sich die Beziehungen zwischen Eltern und Kindern in den letzten Jahrzehnten verändert haben. Fragen Sie ggf. auch Ihre Eltern oder Großeltern.

2.1 Von Eltern und Kindern – Texte aus verschiedenen historischen Kontexten vergleichen

„Abschied von den Eltern“ (1961) ist eine autobiografische Erzählung, in der Peter Weiss (1916–1982) Erlebnisse seiner Kindheit und Jugend verarbeitet hat. Anlass für ihre Entstehung war nach Weiss' eigenen Worten die „Erkenntnis eines gänzlich missglückten Versuchs von Zusammenleben, in dem die Mitglieder einer Familie ein paar Jahrzehnte lang beieinander ausgeharrt hatten“.

Peter Weiss

Abschied von den Eltern (1961)

Eugen Bracht: Hannibals Grab (1921)

In der lethargischen Stunde zwischen zwei und drei lag ich auf dem Sofa im Wohnzimmer, die Hände unterm Kopf verschränkt, hinüberstarrend auf den Farbdruck an der Wand, der Hannibals Grab darstellte. Unter einem graubraunen, wuchtigen, weitverzweigten Baum erhob sich ein Steinhaufen, und daneben stand ein alter Schäfer, sinnend auf seinen Stab gestützt, und vor ihm, im wilden, trockenen Gras, weidete die Herde der Schafe. Das Fenster zur Straße stand offen, draußen staubte weißes Sonnenlicht, vom Tennisplatz an der gegenüberliegenden Straßenseite tönten träge, dumpfe Ballschläge. Zuweilen summte dicht unterm Fenster ein Auto vorbei, oder eine Radglocke klingelte. Der Gedanke an die Stadt draußen belebte mich, ich sah die langen, breiten Straßenzüge vor mir, die riesigen, von gebeugten, steinernen Sklaven getragenen Häuser, die Schlösser, Museen, Monumente und Türme, die Hochbahnen auf ihren Brücken und die unterirdischen Bahnen, mit ihrem Gedränge und ihren klappernden Reklameschildern. Schon wollte ich aufstehen, da stand meine Mutter vor mir, nie merkte ich, wie sie ins Zimmer kam, immer erschien sie plötzlich mitten im Zimmer, wie aus dem Boden emporgewachsen, den Raum mit ihrer Allmacht beherrschend. Hast du deine Aufgaben gemacht, fragte sie, und ich sank zurück in meine Müdigkeit. Noch einmal fragte sie, bist du schon fertig mit deinen Aufgaben. Aus meiner dumpfen Lage heraus antwortete ich, ich mache sie später. Sie aber rief, du machst sie jetzt. Ich mache sie nachher, sagte ich, in einem schwachen Versuch des Widerspruchs. Da hob sie, wie in einem Wappenschild, die Faust und rief ihren Wappenspruch. Ich dulde keinen Widerspruch. Dicht trat sie an mich heran, und ihre Worte fielen wie Steine auf mich herab, du musst büffeln und wieder büffeln, du hast noch ein paar Jahre, dann wirst du ins Leben hinaustreten, und dazu musst du etwas können, sonst gehst du zugrunde. Sie zog mich an meinen Schreibtisch zu den Schulbüchern. Du darfst mir keine Schande machen, sagte sie. Ich leide schlaflose Nächte deinetwegen, ich bin verantwortlich für dich, wenn du nichts kannst, dann fällt das auf mich zurück, leben heißt arbeiten, arbeiten und arbeiten und immer wieder arbeiten. Dann ließ sie mich allein. Neben mir auf einem Brett stand das Modell einer Stadt, das ich mir aus Papier und Zellophan, aus Drähten und Stäbchen erbaut hatte. Nach meinen zerstörerischen Spielen war dies der erste konstruktive Versuch. Es war eine Zukunftsstadt, eine utopische Metropole, doch sie war unvollendet, skeletthaft, ich wusste plötzlich, dass ich nicht daran weiterbauen würde, ich sah nur noch zerknittertes, leimdurchbröckeltes Papier, und alles war verbogen und zerbrechlich, man konnte es mit einem Atemzug umblasen. Ich musste nach andern Mitteln des Ausdrucks suchen. Während ich über meinem Tagebuch brütete, öffnete sich die Tür und mein Vater trat ein. Er sah mich am Schreibtisch hocken, bei irgendwelchen Beschäftigungen, an denen er nie teilhaben durfte, er sah, wie hastig etwas in der Schublade verschwand. Was treibst du denn da, fragte er. Ich mache meine Schulaufgaben, sagte ich. Ja, darüber wollte ich gern mit dir sprechen, sagte er. Eine peinliche Spannung trat ein, wie immer bei solchen Gesprächen. Du bist jetzt alt genug, sagte er, dass ich einmal mit dir über Berufsfragen sprechen muss. Wie denkst du dir eigentlich deine Zukunft. Ich konnte auf diese quälende Frage nichts antworten. Mit einer Stimme, die verständnisvoll sein wollte, und die etwas von einem Gespräch von Mann zu Mann hatte, sagte er, ich schlage vor, dass du in die Handelsschule eintrittst und dann in mein Kontor kommst. Ich murmelte etwas davon, dass ich erst noch die Schule absolvieren wolle, damit konnte ich immerhin Zeit gewinnen. Mein Vater sagte, jetzt mit wachsender Ungeduld, dazu scheinst du doch kaum zu taugen, ich glaube nicht, dass du begabt genug dazu bist, und zum Studieren fehlt dir jede Ausdauer, du gehörst ins praktische Berufsleben. Sein Gesicht war grau und vergrämt. Wenn man vom Leben sprach, musste man grau und vergrämt sein. Leben war Ernst, Mühe, Verantwortung. Mein Gesicht, das Gesicht eines Nichtskönners und Tagediebs, verzog sich zu einem verlegenen, stereotypen Grinsen. Gekränkt sagte mein Vater, du brauchst gar nicht zu lachen, das Leben ist kein Spaß, es wird Zeit, dass du einmal wirklich arbeiten lernst. Vielleicht spürte er eine Regung von Zärtlichkeit für mich, doch als er meinen schiefen, feindlichen Blick sah, musste er sich hart machen und seinen festen Willen zeigen. Mit der flachen Hand schlug er auf den Tisch und rief, wenn dieses Schuljahr zu Ende ist, dann ist es Schluss mit den Träumereien, dann wirst du dich endlich der Realität des Daseins widmen. Die Realität des Daseins. Im Mund meines Vaters wurde diese Realität zum Begriff alles Sterilen und Versteinerten [...].

Arbeitsanregungen

1. Interpretieren Sie den Anfang des Textauszugs bis zum Erscheinen der Mutter (Z. 1–24). Arbeiten Sie heraus, wie hier durch das Mittel der Raumgestaltung das Lebensgefühl und die Wünsche des jugendlichen Ich-Erzählers charakterisiert werden (▸ Methodenbaustein, S. 15). Erläutern Sie auch, welche Funktion Eugen Brachts Bild „Hannibals Grab“ (▸ S. 63) in diesem Kontext hat.
2. Vergleichen Sie mit Hilfe eines Schnittmengendiagramms die Erwartungen, die Mutter und Vater jeweils gegenüber ihrem Sohn hegen. Berücksichtigen Sie dabei auch, welche Vorstellung vom Leben sich in diesen Erwartungen ausdrückt.

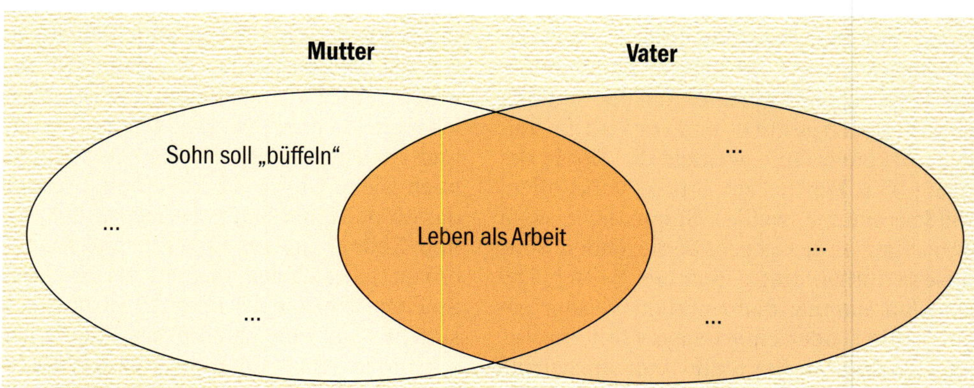

3. Wie nimmt der Ich-Erzähler seine Mutter und seinen Vater wahr? Untersuchen Sie die sprachliche Gestaltung des Textes unter diesem Gesichtspunkt (▸ Methodenbaustein, S. 47).
4. Der Text stammt aus dem Jahre 1961, erzählt aber von einer Jugend in der ersten Hälfte des 20. Jahrhunderts. Diskutieren Sie, ob das Gespräch über die Schulleistungen und die Zukunft des Kindes in der heutigen Zeit genauso ablaufen könnte.

Wolf Wondratschek

Über die Schwierigkeiten, ein Sohn seiner Eltern zu bleiben (1968)

Das begann alles viel früher, das hört auch nicht so schnell auf. So ist es immer. Vater war nicht Donald Duck. Auch in der Badehose sah er nicht aus wie Robinson. Für Karl May und Tom Prox[1] hatten wir nicht den passenden Garten. Ich wurde zwar rot, aber kein Indianer.

Ich habe gesehen, wie ich keine Schwester bekam, ich bekam Schläge. Aber ich habe gelernt, mich zwischen Frühstück, Schule und Tagesschau zurechtzufinden.

Ich wusste nie, wie den Eltern zumute war, wenn sie sagten, ihnen sei gar nicht zum Lachen zumute. Ich zog bald weg von zuhause.

Als Kind war ich ein Spielverderber. Mutter sagte dann, das hätte ich von Vater geerbt. Vater behauptete das Gegenteil. Ich hatte dann immer das Gefühl, dass wir doch alle irgendwie zusammengehören.

Vater zeigte mir, woher der Wind wehte. Ich hatte eine stürmische Jugend. Wenn wir von Krieg reden, sagt Mutter, wir können von Glück reden.

Ich denke an das Leben, sagt Vater, wenn er an mich denkt. Ich denke, du solltest dir mal Gedanken machen. Mutter ist die Frau von Vater. Auch sie denkt, ich solle mir endlich mal Gedanken machen. Und ich denke nicht daran.

Vater: ein strenges Labyrinth. Mutter: der Ariadnefaden[2]. Ich begreife das heute noch nicht. Als das Einfamilienhaus fertig war, war ich mit der Familie fertig. Früher ging ich einfach ins Kino. Ich hatte Freunde. Aber das sind keine Lösungen. Auch eine Freundin ist keine Lösung.

Mutter weinte manchmal. Vater schrie manchmal. Auch Mutter schrie manchmal. Aber Vater weinte nie. Als ich sah, wie Vater den Hut vom Kopf nahm, um seinen Feinden die Stirn zu zeigen, wurde ich erwachsen.

Freitags Fisch. Samstags Fußball. Sonntags Familie. Vater raucht, als gehe es um sein Leben. Mutter legt eine Patience. Ich habe drei Brüder. Morgen ist Montag.

1 **Tom Prox:** Held einer Serie von Wildwestromanen
2 **Ariadne:** in der griechischen Sage Tochter des Königs Minos, fand mit Hilfe eines Garnknäuels aus dem Labyrinth heraus

*Wolf Wondratschek (*1943)*

Ich erzähle einen schlechten Witz. Vater kann nicht lachen, weil Fritz erst 16 ist. Mutter wird nicht rot. Sie hat Geburtstag.

Ich werde oft gefragt, ich frage mich oft selbst. Aber es ist nicht zu ändern. Wir sind tatsächlich perfekt. Vater ist Beamter, Mutter Hausfrau, ein Bruder Oberleutnant, ein anderer Automechaniker, wieder ein anderer einfach Student.

Mutter sagt, nimm endlich mal die Hände aus den Hosentaschen, tu endlich mal was Gescheites, endlich mal sagt sie gern, das ist einer ihrer Lieblingsausdrücke, besinn dich endlich mal, wie es jetzt weitergehen soll, so jedenfalls kann es unmöglich weitergehen, kauf dir endlich mal einen Kamm, kämm dich endlich mal, schau endlich mal in den Spiegel und schau, wie du aussiehst, früher hast du anders ausgesehen, sie sagt mein Gott, geh endlich mal zum Frisör, die Haare hängen dir ja schon über den Hemdkragen hinaus, hast du deine Schulaufgaben gemacht, hast du gelernt? Ja, ich habe schon als Kind gelernt, dass der liebe Gott ein Frisör ist.

Neben dem Klingelknopf ist ein Namensschild montiert. Damit sind wir alle gemeint.

Es kommt vor, dass wir alle einmal zur gleichen Zeit im Wohnzimmer sitzen. Das kommt natürlich nicht sehr häufig vor, aber dann geschieht, was auch in den besten Familien vorkommt, es gibt Krach! Jeder schreit, jeder ist im Recht, keiner weiß, worum es geht. Aber darum geht es ja nicht. Mutter schließt schnell die Fenster. Vater beruhigt den Hund. Ich sehe Tiger an der Decke.

Vater ist wer. Jeder ist, wie er eben ist. Aber dafür sind die Schulferien da.

Der Sonntag ist so etwas wie eine höfliche

Drohung, eine saubere Sackgasse. An Sonntagen sehen Familien aus, als hätte man sie auf dem Friedhof zusammengeklaut.

Es ist schwierig, ein Sohn seiner Eltern zu bleiben. Die Familie ist eine Bombe mit roten Schleifchen.

An Weihnachten nehmen wir uns zusammen. An Weihnachten gelingt uns nahezu alles. Wir trinken Sekt und da ist nichts zu befürchten, weil wir anstoßen müssen bei Sekt. Die Kinder werden kurzerhand wieder Kinder. Vater fühlt sich als Großvater. Draußen ist es dunkel. Weihnachten hat nichts mehr mit Schnee zu tun. Mutter wird auch nächstes Jahr keinen Persianer bekommen.

Sonnenuntergänge und Feiertage geben uns immer wieder das Gefühl, dass alles nicht so schlimm sein kann. Wir glauben wieder an Kalbsbraten und selbstgedrehte Nudeln. Der Hund bellt die Umgebung leer und frisst aus der Hand. Auch das ist eine Version.

Vater führt an der Leine. Er ist Herrchen im Haus.

Die Wiederholung ist das Gegenteil. Unsere Fehler entsprechen unserer Imitation. Fritz heißt Fritzchen und denkt an die Chinesen. Ich mache mir einen Reim auf das Ende vom Lied.

Wir sitzen künstlich und vollzählig in den Polstergarnituren. Der offene Kamin sorgt für Nestwärme. Das Beste wäre, Mutter hätte jeden Tag Geburtstag.

6 Personen sind schon ein Trost. Wir wechseln ab. Einer wehrt sich dagegen, dass gerade der andere recht hat. Dieses Muster gilt. Die Opfer können sich am nächsten Tag als Angreifer erholen. Wenn Gäste kommen, erfinden wir Italien im Garten. Wir verstehen keinen Spaß.

Arbeitsanregungen

1. Erarbeiten Sie mit Hilfe einer Mindmap ein erstes Bild von der Familie des Ich-Erzählers. Wie nimmt er seine Eltern und sein Geschwister wahr? Welche besonderen Familientage und -rituale gibt es? An welchen Punkten kommt es zwischen dem Ich-Erzählen und seinen Eltern zu Konflikten?

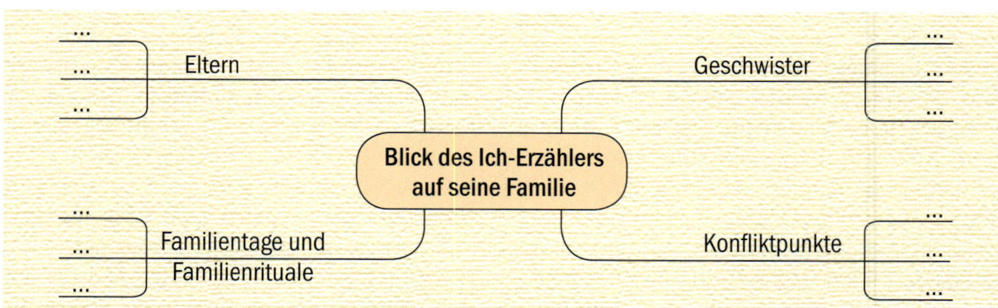

2. Interpretieren Sie die folgenden Textstellen und entwerfen Sie auf dieser Basis eine Gesamtdeutung der Kurzgeschichte.
   - „Vater war nicht Donald Duck. Auch in der Badehose sah er nicht aus wie Robinson. Für Karl May und Tom Prox hatten wir nicht den passenden Garten." (Z. 2 ff.)
   - „Vater: ein strenges Labyrinth. Mutter: der Ariadnefaden." (Z. 30 f.)
   - „Freitags Fisch. Samstags Fußball. Sonntags Familie." (Z. 42 f.)
   - „Der Sonntag ist so etwas wie eine höfliche Drohung, eine saubere Sackgasse." (Z. 83 f.)
   - „Die Familie ist eine Bombe mit roten Schleifchen." (Z. 88 f.)
   - „Wir sitzen künstlich und vollzählig in den Polstergarnituren. Der offene Kamin sorgt für Nestwärme. Das Beste wäre, Mutter hätte jeden Tag Geburtstag." (Z. 112 ff.)
   - „6 Personen sind schon ein Trost. Wir wechseln ab. Einer wehrt sich dagegen, dass gerade der andere recht hat. Dieses Muster gilt." (Z. 116 ff.)
3. Untersuchen Sie die sprachliche Gestaltung des Textes und beziehen Sie die Analyseergebnisse in Ihre Deutung der Kurzgeschichte ein (▸ Methodenbaustein, S. 47).
4. Vergleichen Sie die Darstellung der Eltern-Sohn-Beziehung in den Texten von Weiss und Wondratschek. Welche Gemeinsamkeiten, welche Unterschiede gibt es?

Auch die folgenden drei Texte erzählen von Eltern und Kindern, jedoch jeweils aus der Perspektive der Tochter. Die geschilderten Familienstrukturen könnten dabei unterschiedlicher nicht sein: Während in der Erzählung „Das Muschelessen“ (1990) von Birgit Vanderbeke (*1956) hinter die Fassade einer scheinbar heilen Familie geguckt wird, die unter den Machtansprüchen einer autoritären Vaterfigur leidet, erzählt der Roman „Das Blütenstaubzimmer“ (1997) von Zoë Jenny (*1974) die Geschichte eines Mädchens, dessen Eltern sich zu Beginn der Romanhandlung scheiden lassen. Die Kurzgeschichte „Mein erster Achttausender“ (2001) von Malin Schwerdtfeger (*1972) zeichnet schließlich in provokanter Zuspitzung das Bild einer Familie, in der die traditionellen Rollenmuster von Eltern und Kind auf den Kopf gestellt sind.

Birgit Vanderbeke

Das Muschelessen

(1990)

Während Mutter, Tochter und Sohn mit dem Abendessen auf den Vater warten, entwickelt sich zwischen den drei Anwesenden ein Gespräch über die Beziehungen in der Familie.

Meine Mutter hat kurz nach sieben gesagt, es wird doch hoffentlich nichts passiert sein, und aus reiner Bosheit habe ich darauf gesagt, und wenn schon, weil ich plötzlich fand, dass mein Vater ein Spielverderber wäre, vielmehr ein Stimmungsverderber, auf einmal habe ich mir gewünscht, dass er nicht mehr zurückkäme, obwohl, wie gesagt, eine Stunde zuvor es ganz selbstverständlich gewesen ist, dass er nach Hause kommt und sagt, na, wie bin ich, weil er erfolgreich gewesen wäre, so sehr waren wir darauf eingestellt. Meine Mutter hat mich zwar angesehen, aber nicht so entsetzt, wie ich erwartet hatte, sondern mit schräggelegtem Kopf, dann hat sie gelächelt und gesagt, nun, wir werden sehen, und es hat nicht so geklungen, als würde sie es verwunderlich oder schlimm finden, wenn er jetzt einfach nicht käme, und langsam sind wir alle drei nicht mehr ganz überzeugt gewesen, dass er gleich kommen würde, nur dass wir in diesem Fall nicht gewusst haben, was wir mit diesen Muscheln anfangen sollten, die immer noch leise im Topf herumklapperten, weil wir geglaubt hatten, mein Vater würde Punkt sechs so gut wie befördert zur Tür hereinkommen, was ein Anlass zum Feiern und Muschelessen gewesen wäre. Auch bei meinem Bruder ist dann bald die Stimmung umgeschlagen, und es war längst noch nicht acht, da wussten wir alle, dass dieser Tag unerwartet besonders wäre, und wir haben uns nur nicht entscheiden können, was wir zu tun hätten, deshalb hat meine Mutter dann plötzlich die Muscheln gekocht. Man konnte sie ja nicht einfach so liegen lassen, wovon sie ungenießbar würden, also von selber sterben, da hat sie sie rasch gekocht, und ich habe gedacht, wer jetzt Muscheln essen kann, tatsächlich hat keiner Muscheln gegessen, nur mein Bruder hat Pommes frites gegessen, die sie dann auch noch gemacht hat, während die Muscheln kochten, die Muscheln haben später in einer riesigen Schüssel bloß auf dem Tisch gestanden, und keiner hat sie gegessen. Als wenn sie verdorben und giftig wären, hat meine Mutter gesagt, ist es nicht so, mein Bruder hat aber gesagt, toxisch, weil es bei uns nicht mehr giftig geheißen hat, sondern toxisch seit einiger Zeit, meine Mutter hat aus Versehen noch giftig gesagt. Bei uns hat jetzt manches anders geheißen als früher, wir haben zum Beispiel, wenn wir uns an zu heißen Kartoffeln den Mund verbrannt haben, nicht mehr ausgerufen, oh verdammt, sind die heiß, manchmal haben wir es aus Versehen noch ausgerufen, weil wir uns noch nicht umgestellt hatten, aber dann hat mein Vater gesagt, Kartoffeln haben eine hohe Wärmekapazität, das ist genauer gewesen, aber wenn mein Vater auf Dienstreise war, haben wir uns wie früher an den Kartoffeln den Mund verbrannt und gesagt, verdammt, sind die heiß, und meine Mutter hat gesagt, dass die Muscheln verdorben und giftig aussähen, und als mein Bruder toxisch gesagt hat, hat sie gelacht und gesagt, sie sind richtig ungenießbar geworden. Hinterher haben wir uns gefragt, ob wir da schon wussten, was los war, aber natürlich konnten wir es nicht wissen, wir haben die ganze Zeit mit gedämpfter Stimme gesprochen, weil wir noch immer denken mussten, jeden Moment kann die Tür aufgehen, und er steht da und hat uns erwischt, wie wir über ihn reden, und das ist nun wirklich ungehörig; statt uns auf ihn zu freuen und auf ihn zuzuspringen, sitzen wir da wie ertappt, weil wir über ihn reden, und das hat keiner gewollt, und außerdem hat es sich keiner getraut, weil er da ausgesprochen empfindlich und ungemütlich sein konnte, hinter dem Rücken tuscheln konnte er auf den Tod nicht leiden, aber nachdem ich gesagt hatte, und wenn schon, und wenn ihm nun was passiert ist, wirklich aus purer Bosheit, weil meine Mutter sich schon auf ihn umgestellt hatte, aber sie nicht darauf entsetzt getan, sondern gesagt hatte, wir werden sehen, danach, weil es so geklungen hatte, als würde sie es auch nicht so sehr schlimm finden, haben wir uns überlegt, was wir machen würden, wenn er jetzt einfach nicht käme, und es hat sich bald herausgestellt, dass mein Bruder und ich es besser fänden, wenn er nicht käme, am besten überhaupt nicht mehr käme, weil es uns keinen Spaß mehr machte, eine richtige Familie, wie er es nannte, zu sein, in Wirklichkeit, haben wir gefunden, waren wir keine richtige Familie, alles in dieser Familie drehte sich nur darum, dass wir so tun mussten, als ob wir eine richtige Familie wären, wie mein Vater sich eine Familie vorgestellt hat, weil er keine gehabt hat und also nicht wusste, was eine richtige Familie ist, wovon er jedoch die genauesten Vorstellungen entwickelt hatte, und die setzten wir um, während er im Büro saß, dabei wären wir gern verwildert, statt eine richtige Familie zu sein. Das ist sehr zögernd herausgekommen, natürlich, ich habe erst gar nichts dazu gesagt, weil ich gedacht habe, wenn er am Ende doch noch kommt, petzt die Mutter alles, und auch mein Bruder hat gedacht, sie petzt, und ich habe auch gedacht, mein Bruder petzt, weil er sich bei meinem Vater lieb Kind machen will, und mein Bruder hat von mir auch gedacht, ich petze, weil ich zeigen will, dass ich Vaters Tochter bin, damals haben wir nämlich noch immer gesagt, ich bin Vaters Tochter, und mein Bruder ist Mutters Sohn, weil mein Bruder sehr anschmiegsam war, ein Schmusekind, und immer die Mutter geküsst hat, mich nicht, weil ich es mir heftig verbeten habe, ich bin nach meinem Vater geschlagen, habe ich gedacht, der ein Logiker war, und meine Mutter und mein Bruder waren alles andere als Logiker, deswegen haben wir, mein Vater und ich, sie immer verspottet, und sie haben sehr gezögert, etwas zu mir zu sagen, sich über den Vater etwa bei mir zu beklagen, weil sie dachten, ich verpetzte sie, damit alle sehen, dass ich Vaters Tochter bin, in Wirklichkeit haben alle gepetzt, jeder hat jeden verpetzt, wenn ich es mir genau überlege, und mein Vater hat seine Last gehabt mit der Petzerei der gesamten Familie, aber er hat es auch oft genossen, weil er dann abends sehr wichtig gewesen ist und aufgeräumt hat in seiner Familie, wie er sich gedacht hat, dass es in einer richtigen Familie ist. Dabei hat er Bier und Kognak getrunken und uns Fragen gestellt, weil er hat herausfinden müssen, was vorgefallen war, und jeder hat seine Aussage gemacht, während die anderen draußen gewartet haben. Am Schluss hat er logische Schlüsse gezogen und danach die Strafen festgesetzt und ausgeführt, und in Wirklichkeit haben wir alle ziemliche Angst gehabt, weil die Strafen nach logischen Schlussfolgerungen festgesetzt worden sind, die keiner so richtig begreifen hat können. Auch ich habe nur so getan, als könnte ich sie begreifen, weil das günstig für mich gewesen ist, dass sie geglaubt haben, ich wäre Vaters Tochter und also logisch, tatsächlich habe ich die Logik von meinem Vater nicht gut begreifen können und nur immer so getan, was die beiden anderen gar nicht gekonnt haben, weil es klar geheißen hat, dass die beiden zusammengehören, weil sie unlogisch und anschmiegsam sind und immer küssen wollen, und ich mit meinem Vater zusammengehöre, weil ich logisch bin und denke, was sich für Mädchen nicht unbedingt gehört, nur ist es immer noch besser gewesen als küssen. Es wäre meinem Vater natürlich andersherum lieber gewesen, dass mein Bruder logisch und ich und die Mutter unlogisch gewesen wären, es war nicht so verteilt, wie er gedacht hat, dass es in einer richtigen Familie verteilt sein müsste. Was beim einen fehlt, ist bei der andern Vergeudung, hat er gesagt, insgesamt war es für mich aber nicht gar so schlecht, während es für meinen Bruder, der auch noch der Jüngste war, eher schlecht gewesen ist.

Zoë Jenny

Das Blütenstaubzimmer (1998)

Der Roman setzt damit ein, dass die Ich-Erzählerin Jo ihr Leben nach der Trennung ihrer Eltern schildert. Bis zum Abitur wächst sie bei ihrem Vater auf und sieht ihre Mutter Lucy nur an den Sonntagen und einmal wöchentlich nach der Schule.

Als meine Mutter ein paar Straßen weiter in eine andere Wohnung zog, blieb ich bei Vater. Das Haus, in dem wir wohnten, roch nach feuchtem Stein. In der Waschküche stand eine Druckmaschine, auf der mein Vater tagsüber Bücher druckte. Immer, wenn ich vom Kindergarten nach Hause kam, ging ich zu ihm in die Waschküche, und wir stiegen gemeinsam in die Wohnung hinauf, wo wir unser Mittagessen kochten. Abends vor dem Einschlafen stand er neben meinem Bett und zeichnete mit einer glühenden Zigarette Figuren ins Dunkel. Nachdem er mir heiße Milch mit Honig gebracht hatte, setzte er sich an den Tisch und begann zu schreiben. Im rhythmischen Gemurmel der Schreibmaschine schlief ich ein, und wenn ich aufwachte, konnte ich durch die geöffnete Tür seinen Hinterkopf sehen, ein heller Kranz von Haaren im Licht der Tischlampe, und die unzähligen Zigarettenstummel, die, einer neben dem anderen, wie kleine Soldaten den Tischrand säumten. […]

Einmal in der Woche holte sie *[die Mutter]* mich mittags von der Schule ab. Von Weitem sah ich sie neben dem Eisentor stehen, und ich rannte über den Schulhof auf sie zu. Sie nahm mich an der Hand, und wir gingen zusammen in die Stadt. In den Umkleidekabinen, die nach Schweiß und Plastik rochen, packte sie einige Kleider in die große Schultertasche, die anderen legte sie wieder in die Regale zurück. Sobald sie an der Kasse ein paar Socken oder ein T-Shirt bezahlt hatte, streichelte sie meinen Kopf, wie man frischgeborene Kätzchen streichelt, und die Verkäuferinnen, die uns durchs Schaufenster nachschauten, klatschten entzückt in die Hände. Das waren Tage, an denen es haufenweise Schokoladenkuchen gab und das Gesicht meiner Mutter weich und fröhlich war. Im Restaurant, während ich aus einem Trinkhalm meinen Sirup schlürfte, griff meine Mutter immer wieder in die Tasche, nach dem Stoff, ihr Mund stand leicht offen, und die Augen waren riesengroß, als sei es kaum zu ertragen, und ich wusste, sie war glücklich. Zu Hause entfernte sie mit der Schere die Preisetiketten von den Kleidern, hängte sie sorgfältig an den Kleiderständer und rollte ihn langsam und mit dem erhobenen Kopf einer Königin, die vor ihr Reich tritt, ins Zimmer.

Immer wieder wartete ich nach Schulschluss stundenlang vor dem Eisentor auf sie. Aber sie kam nicht mehr. Ich fragte Vater, ob mit ihr etwas geschehen sei, aber er schüttelte den Kopf und schwieg.

Doch nach einigen Wochen stand sie wieder da, küsste mich aufs Haar und hieß mich ins Auto steigen. Diesmal fuhren wir nicht in die Stadt, und ich freute mich. Sie parkte an einem Waldweg. […] Das helle Kleid meiner Mutter bauschte sich wolkig um ihren Körper, und ich ahnte, dass sie gleich etwas Wichtiges sagen würde. Aber sie schwieg, den ganzen Weg, bis […] wir auf einer Wiese standen. Meine Mutter legte sich hin, ich legte mich neben sie auf die trockene Erde und spürte neben mir ihren glatten, pochenden Hals. Sie sagte, dass sie einen Mann, Alois, getroffen habe, den sie liebe, so wie sie einmal meinen Vater geliebt habe, und dass sie mit ihm fortgehen werde, für immer. Überall, wo ich hinsah, waren diese gelben und roten Blütenköpfe, die einen Duft ausströmten, der mich schwindlig und müde machte. Ich drehte mich zur Seite; das Ohr auf den Boden gepresst, hörte ich ein Summen und Knistern, als bewege sich da etwas tief unter der Erde, während ich ihren weit entfernten Mund weiterreden sah und ihre Augen, die in den Himmel schauten, der wie eine greifbare blaue Scheibe über uns schwebte. […]

[Nach dem Abitur bricht Jo in ein Land am Mittelmeer auf, um ihre dort lebende Mutter Lucy nach zwölf Jahren wiederzusehen und für unbestimmte Zeit bei ihr zu wohnen. Als Alois, der Lebensgefährte der Mutter, überraschend stirbt, verfällt Lucy in eine tiefe Depression. Sie schließt sich in Alois' leer geräumtes Atelier ein, auf dessen Boden sie lauter Blütenblätter verteilt. Erst ihre Tochter kann sie aus dem „Blütenstaubzimmer" befreien. Kurze Zeit später lernt Lucy einen neuen Mann kennen: Vito.]

Lucy öffnet weit die Gartentür für Vito. Er bemerkt mich, Lucy bleibt neben dem Rosenbusch stehen und zwinkert mir verschwörerisch zu, als er, „Aha, die kleine Schwester" rufend, mit ausgestreckter Hand über die Distanz von der Gartentür bis zum Liegestuhl eilig auf mich zusteuert. Er überschüttet mich gleich mit Fragen, während er mit kaum spürbarem Druck meine Hand hält und mich anblickt mit kleinen, von unzähligen winzigen Falten umgebenen Augen. Lucy hat den Tisch im Garten gedeckt und trägt das Essen in großen Schüsseln heran. Vito will wissen, was ich arbeite. Da ich auf solche Fragen nicht vorbereitet bin, sage ich geradeheraus, ich sei bei der Post und sortiere Briefe. Seine Augen scheinen dabei noch kleiner zu werden, scheinen beinahe zu verschwinden in einem Nest aus winzigen Falten. Lucy schöpft das Essen in die Teller und sagt lachend, das mit der Post sei nur vorübergehend, denn ich würde nächstes Jahr mit dem Studium beginnen. „Natürlich", sagt Vito und lächelt jetzt, und wir stoßen an mit dem Wein, der viel zu warm ist, weil sich an diesem Abend die Hitze angestaut hat, schwer in der Luft lagert, nirgendwohin entweichen kann und die Haut und alles, was man anfasst, mit einem feuchten, klebrigen Film überzieht. Die roten Geranienköpfe hängen von der Brüstung des Klosters herunter, obwohl sie vor wenigen Minuten bewässert wurden. Vito erzählt, er sei Hotelier und ungeheuer beschäftigt, er baue gerade eine Kette von neuen Hotels für das Jahr zweitausend, in dem die hunderttausend Pilger erwartet werden. Einige der Hotels seien schon jetzt ausgebucht, bevor sie überhaupt stünden. „Für diese Menschenströme müssen wir gerüstet sein", sagt er immer wieder und atmet dabei wie ein schnaubendes Flusspferd durch die Nase. Vito und Lucy reden während des ganzen Essens so viel und schnell, dass ich bald, zugeschüttet von ihren Wörtern, taubstumm am Tisch sitze und aufgebe, der Unterhaltung zu folgen. Vito öffnet beim Reden den Mund, dass man die Vorderzähne sehen kann, eine Reihe kleiner, weißer Stummel. Ununterbrochen fällt er Lucy ins Wort, was sie aber überhaupt nicht zu stören scheint, denn jedes Mal nickt sie dabei voller Zustimmung, lässt sich bereitwillig einlullen von seiner Stimme und dem sauberen, hellen Klang seines in regelmäßigen Abständen aufschnappenden Feuerzeuges. Kleine, glitzernde Schweißtröpfchen haben sich auf Vitos Stirn und Nasenspitze gebildet. Plötzlich rückt er seinen Stuhl näher zu Lucy und sitzt nun direkt vor den Friedhofspappeln, die hinter ihm aufragen, als wüchsen sie aus seinem Kopf. Hastig stehe ich auf, räume den Tisch ab und verschwinde so schnell wie möglich.

In der Küche höre ich von fern ihre Stimmen, ihre immer lauter und aufgeregter werdenden Stimmen, die sich allmählich einpuppen und gemeinsam einen Kokon aus Wörtern bilden. Und Lucys Kichern in Vitos Lachen hinein, in dieses hingeworfene Lachen, das keine Freude in sich birgt; nur eingepflanzte, satt gewordene Zufriedenheit.

[Wenig später ist Lucy verschwunden. In einer Ansichtskarte, abgeschickt von einer Insel im Indischen Ozean, teilt sie ihrer Tochter mit, Vito habe sie überraschend zu einer Reise eingeladen. Jo muss feststellen, dass ihre Mutter sie zum zweiten Mal verlassen hat.]

Arbeitsanregungen

1. a) Entwerfen Sie in Gruppenarbeit jeweils ein Standbild zu den in den beiden Erzähltexten dargestellten Familienkonstellationen (▸ Methodenbaustein, S. 71).
   b) Stellen Sie Ihre Standbilder im Plenum vor und überprüfen Sie Ihre Ergebnisse unter Rückbezug auf die Textvorlage.
2. a) Erläutern Sie, wie sich die in den Texten beschriebenen Familienkonstellationen auf das Leben und das Selbstbild der Kinder auswirken.
   b) Diskutieren Sie, ob man auch in diesen Fällen von einem Konflikt der Generationen sprechen kann.
3. a) Analysieren Sie Sprache und Erzählweise der Texte. Untersuchen Sie dazu
   - bei Vanderbeke Satzbau, Modus, Wortwahl, Erzählform und Darbietungsformen,
   - bei Jenny Wortwahl, rhetorische Figuren, Erzählform, Perspektive und Darbietungsformen in den Passagen Z. 57–81 und Z. 135–163 (▸ Methodenbausteine, S. 17 u. 47).

   b) Vergleichen Sie die unterschiedlichen sprachlichen Gestaltungsweisen und Erzählstrategien im Hinblick auf ihre Wirkung.

4. Bearbeiten Sie folgende Gestaltungsaufgaben (▸ Methodenbaustein, S. 36):
   a) Die Ich-Erzählerin aus Vanderbekes „Das Muschelessen" fasst nach dem Gespräch mit Mutter und Bruder den Entschluss, das autoritäre Verhalten des Vaters nicht länger hinzunehmen. In einem Tagebucheintrag beschreibt sie, inwiefern sie unter den Machtspielen des Vaters gelitten hat und wie sie sich künftig dagegen zu wehren gedenkt.
   b) Nach dem abermaligen Verschwinden ihrer Mutter schreibt die Ich-Erzählerin aus „Das Blütenstaubzimmer" dieser einen Brief. In ihm blickt sie nicht nur auf ihre Kindheit zurück und beschreibt, welche Gefühle es in ihr ausgelöst hat, als stumme Zuhörerin bei dem Gespräch zwischen Lucy und Vito dabeizusitzen. Sie formuliert auch, welche Konsequenzen sie für die Zukunft aus diesen Erfahrungen ziehen will.

Methodenbaustein **Standbilder als Mittel des szenischen Interpretierens**

Ein **Standbild** ist eine Momentaufnahme z. B. aus einer Dramenszene oder aus dem Geschehen eines epischen Textes. In einem Standbild können **Figurenkonstellationen und Haltungen einzelner Figuren** zum Ausdruck gebracht werden.

- Ein Regisseur/eine Regisseurin bestimmt die Position der Figur(en); er/sie formt Körperhaltung und Gesichtsausdruck. Während der Bauphase wird nicht gesprochen.
- Ist das Standbild fertig, bleiben die Akteure für ca. 30 Sekunden in der eingenommenen Haltung. Wenn möglich, sollte das Standbild fotografisch festgehalten werden.
- Im Anschluss beschreiben die Beobachter/-innen, was sie gesehen haben und welche Wirkung das Standbild auf sie hatte.
- Die Mitspieler/-innen berichten über ihre Erfahrungen.
- Der Regisseur/die Regisseurin erklärt seine/ihre Absicht und reflektiert, inwieweit es ihm/ihr gelungen ist, diese zu verwirklichen.

Malin Schwerdtfeger

Mein erster Achttausender (2001)

Wieder einmal kam Mama nachts zurück. Sie beugte sich über mich, küsste mich zwischen die Augen, und mir wurde schlecht von ihrem Geruch nach ranziger Yakbutter, nach Qualm und verdorbenem Magen. Noch halb im Schlaf tippte ich auf Tibet oder Nepal. So widerlich konnte nur jemand riechen, der geradewegs aus Zentralasien kam.

Am nächsten Morgen saß sie am großen Tisch im Esszimmer und rührte Gerstenmehl in ihren Tee.

„Morgen, Schätzchen", sagte sie, als ich hereinkam, „ist es nicht längst Zeit für die Schule?"

„Wir haben Ferien", sagte ich, ich begann im Esszimmer herumzulaufen und ihre Sachen aufzusammeln, die sie in der Nacht einfach überall hingeschmissen hatte. Matschverkrustete Goretex-Klamotten, Alutöpfe mit angetrockneten Gerstenbreiresten, ein Spezialkocher, die Fotoausrüstung und ihre stinkenden Bergschuhe waren über das ganze Zimmer verteilt. Immerhin hatte sie es noch geschafft, ihren Schlafsack draußen über das Verandageländer zu hängen. Er war bestimmt voller Läuse.

Ich schleppte alles hinaus auf die Veranda. Nur mit dem Kochgeschirr lief ich ins Badezimmer. Ich stellte es in die Wanne und ließ heißes Wasser darüberlaufen.

„Setz dich hin", sagte Mama, als ich zurück ins Esszimmer kam. Sie zeigte auf den Stuhl neben sich.

„Hast du irgendetwas mitgebracht, wovon ich wissen sollte?", fragte ich und setzte mich ans entgegengesetzte Ende des Tisches. „Läuse, Krätze, Ruhr, Dengue-Fieber?"

„Ich glaube nicht“, sagte Mama. „Nur Blasen an den Füßen.“

Ich rückte ein paar Stühle weiter vor.

Ich trank meinen Kakao und sah zu, wie sie ihren Tee schlürfte. Sie hatte einen Klumpen Yakbutter in einer schmierigen Plastiktüte vor sich liegen. Davon drehte sie mit den Fingern kleine Stückchen ab, warf sie in den Tee und rührte um, bevor sie den Tee trank.

„Mama“, sagte ich schließlich, „wir müssen dir die Haare waschen!“

Während ich fast eine ganze Flasche Pfirsichöl-Pflegespülung in ihre verfilzte Matte einmassierte, erzählte Mama ungefragt von Steinschlägen am Annapurna, Überschwemmungen im Rolwalingtal und Schneestürmen in Solo Khumbu. Sie erzählte von den Wäldern Osttibets, wo es Blutegel regnet, von chinesischen Dorfgefängnissen und betrunkenen Polizisten, von Bussen, die in tiefen Schluchten zerschellen, und von den schwarzgefrorenen Gesichtern der Bergsteiger, die in den verrotteten Absteigen von Lukla im Everest-Gebiet auf ihren Rückflug nach Kathmandu warten. Sie erzählte davon, wie die Höhenkrankheit ihr Gehirn aufweichte, als sie versuchte, den Pumori zu besteigen, und von der dünnen Luft des Himalaja, die das Blut träge macht und an der sich die Lungen wundatmen.

Zwei Stunden später hatte ich den letzten Knoten aus ihren Haaren gekämmt und alle Blasen an ihren Füßen aufgestochen und desinfiziert. Dann war Mama wieder so müde, dass sie sich aufs Sofa legte und sofort einschlief.

Das Telefon klingelte. Es war Arne von *Trekking Guides*.

„Hallo“, sagte Arne.„Ist sie da?“

„Sie schläft“, sagte ich, „und will nicht gestört werden. Schon gar nicht von euch.“

„Sie soll nicht so viel schlafen, lieber schreiben“, sagte Arne.

Ich legte einfach auf.

Ich kochte Kaffee für Papa. Dann brachte ich Papa den Kaffee, eine Schüssel Cornflakes und seine Thrombosespritze auf einem Tablett ans Bett.

Im Schlafzimmer war es kühl und dunkel. Aber Papa war schon wach. Sein Laptop warf einen grünlichen Schimmer über die zerwühlte Bettdecke. Papa nannte das, was er machte, Telearbeit, das heißt, er hatte einen Internetanschluss und einen E-Mail-Account und brauchte nie aufzustehen. Ich stellte das Frühstück neben den Laptop auf sein Bett.

„Sie ist wieder da“, sagte ich.

„Hab’s gehört“, sagte Papa.

„Willst du wissen, wo sie war?“ fragte ich.

„Es stinkt nach ranzigem Fett. Grönland?“, riet Papa.

„Nepal“, sagte ich. „Und Tibet. Tibet ohne Einreiseerlaubnis. Sie musste sich nachts über die Grenze schleichen. Sie musste in Nomadenzelten wohnen und sich in verlassenen Bergdörfern verstecken. Einmal hat sie ein Polizist gefunden und ins Gefängnis gesteckt, aber sie hat ihn mit Tschang betrunken gemacht und ist abgehauen.“

„Betrunken gemacht?“ Papa lachte und schwitzte. „Mit ihm gebumst wird sie haben. Mit einem dreckigen, besoffenen Chinesen.“

Ich nahm die Thrombosespritze, zog die Schutzkappe von der Nadel, schlug die Decke zurück, drückte etwas von Papas Bauchfett mit zwei Fingern zusammen und gab ihm eine Injektion in die Fettrolle.

„Das ist lieb!“, sagte Papa. „Bringst du mir das Bildtelefon?“

Mit der Telearbeit hatte Papa angefangen, als Mama für *Trekking Guides* zu arbeiten begann. Ihren ersten Reiseführer schrieb Mama über den Kaukasus, als ich sechs war. Wir bekamen Postkarten aus dem Gebirge, die andere Reisende für sie in Jerevan oder Tiflis eingesteckt hatten. Manchmal aber hörten wir wochenlang gar nichts von ihr. Als sie wiederkam, brachte sie literweise Armagnac mit und riesige Büschel eines Krauts mit lilafarbenen Blättern. Diese Blätter kaute sie ununterbrochen und tat sie an jedes Essen. Nachts kam sie an mein Bett und erzählte stundenlang von ihren Wanderungen mit den Schafhirten und ließ mich nicht schlafen. Sie erzählte auch von einem Hirten namens Dmitri, in den sie sich verliebt hatte.

Ein paar Monate später verschwand sie wieder. Diesmal, um auf Spitzbergen zu überwintern. Sie teilte ihre Hütte mit Einar, einem Pelztierjäger, der halb Norweger, halb Eskimo war. Von dieser Reise brachte sie fünf Blaufuchsfelle mit, die sie mir vors Bett legte, und diesmal erzählte sie nächtelang vom Packeis, vom Geschmack des schwarzen Seehundfleisches, den Schrecken der langen Polarnacht und den schönen Ablenkungen, mit denen Einar sie während der monatelangen Finsternis vor dem Verrücktwerden bewahrt hatte.

Das war die Zeit, als Papa mit der Telearbeit begann.

Am Nachmittag suchte ich Mama im ganzen Haus. Ich fand sie in der Dunkelkammer. Ich riss die Tür auf und ruinierte einen Abzug. „Mach die Tür hinter dir zu", sagte Mama. „Hat Arne angerufen?"

Ich gab keine Antwort. Arne von *Trekking Guides* war der Mensch, den Papa und ich von allen Menschen auf der Welt am meisten hassten.

Mama machte das Licht am Vergrößerungsapparat an und wieder aus. Sie nahm das belichtete Papier und legte es in die Wanne mit der Entwicklerflüssigkeit. Nach und nach erschien ein Gesicht auf dem Papier. Mama stupste es mit der Zange unter, als wolle sie es ertränken. Dann kam es in den Stopper und zum Schluss ins Fixierbad. Ich stellte mich neben Mama. Das Gesicht auf dem Foto war dunkel und glänzte fettig.

„Das ist Lopsang", sagte Mama.

„Deine Mutter ist eine verdammte Ethno-Nutte!", schrie Papa, als ich ihm von Lopsang erzählte. „Bald wird sie sie gar nicht mehr zählen können, die Eskimos, die Indios, all die Madenfresser. Und jetzt hat sie sogar noch einen Yeti in ihrer Sammlung. Herzlichen Glückwunsch!"

„Also, ein Yeti ist er nicht, Papa", sagte ich, „er ist ein Sherpa."

„Mir scheißegal, was dieser Yaktreiber ist! Ich werde jetzt aufstehen und ihr die Meinung sagen. Ich will, dass sie diesen Zuhälter Arne anruft und ihm sagt, dass sie nie wieder für ihn als Trekking-Hure arbeiten wird!"

Er richtete sich mit einem Ruck auf. Ein scharfer Geruch nach Vapo Rub, womit ich ihm gegen seine Atembeschwerden regelmäßig die Brust einrieb, schlug mir entgegen. Papa schnaufte und wischte sich ein paar feuchte Strähnen aus dem Gesicht.

„Nein, mach du das lieber!", keuchte er und ließ sich zurück in die Kissen fallen. „Und sag ihr, sie soll kommen und mir guten Tag sagen."

Ich ging und nahm die volle Bettpfanne mit.

Wie immer am ersten Tag nach Mamas Rückkehr lief ich ununterbrochen zwischen meinen Eltern hin und her. Wie immer verbrachte Mama diesen Tag in der Dunkelkammer und den Abend telefonierend in der Badewanne. Und wie immer lag Papa im Bett und hackte wie verrückt auf seinen Laptop ein.

Als ich die Zinksalbe aus dem Bad holen wollte, um Papas offene Stellen damit einzuschmieren, lag Mama in der Wanne und telefonierte mit Arne. Ich setzte mich leise auf den Wäschepuff und hörte zu. Ich schaute mir ihren Körper an: Er war sehr dünn, muskulös, übersät mit blauen Flecken und Insektenstichen, und an vielen Stellen konnte man die Adern sehen. Jeden Tag saß ich auf dem Hometrainer, damit ich auch solche Muskeln bekäme wie sie.

„Neue Steigeisen und einen Daunenanzug von *Mountain Equipment*", sagte Mama zu Arne, „ein Dreimannzelt von *Wild East*, Eisschrauben und 1000 Meter Seil. Mein Eispickel muss nur geschärft werden, aber ich brauche noch zwei dazu. Und dreißig Flaschen Sauerstoff."

„Wo willst du hin, Mama?", fragte ich.

„Moment mal", sagte Mama zu Arne. Dann hielt sie die Sprechmuschel zu und sagte zu mir: „Mit Lopsang auf den Everest."

Seit den Vorbereitungen für ihre Neuguinea-Expedition, die sie zu den Menschenfressern in die Sümpfe von Irian Jaya geführt hatte, war Mama nicht mehr so voller Reisefieber gewesen. Zwei Tage lang saß sie über Landkarten gebeugt am Küchentisch und legte Routen fest. Während ich kochte und abwusch, arbeitete sie einen Akklimatisationsplan aus. Sie blätterte und kritzelte in ihrem Kalender herum und versuchte zu berechnen, wie sie ihren Körper am besten den Bedingungen in achttausendachthundertachtundvierzig Metern Höhe über dem Meeresspiegel anpassen könnte. Zwischendurch telefonierte sie immer wieder mit Kathmandu. Die restliche Zeit verbrachte Mama auf dem Hometrainer, oder sie joggte im Park. Morgens nahm sie mich mit ins Hallenbad.

Sie hatte Papa noch immer nicht guten Tag gesagt. Wenn er nach ihr schrie, ging ich zu ihm und gab ihm Johanniskrauttropfen. Wenn er dann immer noch schrie, gab ich ihm Diazepam[1].

Eines Nachts wachte ich auf, weil mir einfiel, dass Papa seine Einschlafmilch nicht bekommen hatte. Vielleicht weckte mich aber auch das kratzende, schabende Geräusch, das aus

1 **Diazepam:** Medikament, das zur Behandlung von Angstzuständen und als Schlafmittel eingesetzt wird

der Küche kam. Von Zeit zu Zeit gab es ein Quietschen, wie von einem Messer, das auf einem Teller abrutscht. Ich lief über den dunklen Flur. Hinter Papas Tür brannte noch Licht. Wahrscheinlich konnte er nicht einschlafen ohne seine Milch. In der Küche sah ich Mama sitzen und ihren Eispickel schleifen, sie saß da, in voller Goretex-Montur, drehte mit einer Hand den Schleifstein und hielt mit der anderen die Spitze des Pickels dagegen. Es kratzte und schabte, und Funken sprühten. An ihrem Stuhl lehnte der fertig gepackte Rucksack mit dem baumelnden Kochgeschirr daran. Als Mama mich sah, hörte sie auf zu schleifen.

„Was machst du denn hier?“, fragte sie, „warum bist du nicht im Bett?“

„Ich hole nur Papas Milch.“

Der Schleifstein drehte sich weiter. „Arne holt mich in einer Viertelstunde ab und bringt mich zum Flughafen“, sagte Mama.

„Gut“, sagte ich. Dann lief ich zurück in mein Zimmer. Ich holte meinen Rucksack unter dem Bett hervor, riss den Schrank auf, stopfte Pullover, Hosen, Unterwäsche, den Skioverall und meine Schneebrille in den Rucksack. Ich zog das Nachthemd aus und einen Trainingsanzug an, darüber die Daunenjacke. Mit dem Rucksack auf dem Rücken lief ich über den Flur. Hinter Papas Tür hörte ich es schnaufen.

„Liebes“, rief Papa, „bist du’s? Hast du meine Milch vergessen?“

Ich rannte in die Küche, holte die Milchtüte aus dem Kühlschrank, ein Glas aus der Anrichte und goss so hastig ein, dass etwas auf den Boden kleckerte. Als ich die Tabletten aus der Packung in die Milch drückte, vergaß ich mitzuzählen. Mama sah mir zu.

Mit dem Glas in der Hand lief ich ins Schlafzimmer. „Hier ist deine Milch, Papa“, sagte ich. Papa hing schief in den Kissen, und sein Schlafanzug war falsch zugeknöpft. Es sah unbequem aus.

„Wo willst du hin mit dem Rucksack?“, fragte Papa, und das hatte mich noch niemand gefragt.

„Meinen ersten Achttausender besteigen“, sagte ich.

Als wir im *Trekking Guides*-Jeep saßen und die Straße hinunterfuhren, schaute ich noch einmal zurück. Ich hatte das Licht in der Küche nicht ausgeschaltet. Und gerade, als ich zurückschaute, schob sich ein Schatten vor das erleuchtete Küchenfenster. Der Schatten füllte das Fensterviereck ganz aus. Es war ein sehr großer, sehr breiter, ein riesiger Schatten. Es war wie eine totale Sonnenfinsternis. Papa war aufgestanden.

Arbeitsanregungen

1. a) Stellen Sie die beschriebene Familienkonstellation einer normalen bzw. idealen Familie gegenüber. Benennen Sie die Unterschiede und erläutern Sie, inwiefern hier ein Rollentausch stattgefunden hat.
   b) Analysieren Sie die Strategien, mit deren Hilfe Vater und Mutter versuchen, ihre Tochter zu vereinnahmen.
2. Visualisieren Sie mit Hilfe eines Schaubilds die gegensätzlichen Lebensentwürfe und Wirklichkeitszugänge von Vater und Mutter. Das Schaubild könnte wie folgt beginnen:

Vater		Mutter
passiver Typ	←→	aktiver Typ
…	←→	reist durch die Welt
…	←→	…

3. Erklären Sie die Entscheidung der Tochter, ihrer Mutter zu folgen. Gehen Sie in diesem Zusammenhang auch auf den Titel der Erzählung („Mein erster Achttausender") ein.
4. Untersuchen Sie den Einsatz sprachlicher Mittel (▸ Methodenbausteine, S. 47). Welche sprachlichen Besonderheiten fallen Ihnen auf? Notieren Sie deren Funktion und Wirkung.
5. a) Vergleichen Sie die Texte von Weiss (▸ S. 63 f.), Wondratschek (▸ S. 65 f.) und Schwerdtfeger im Hinblick auf die in ihnen dargestellte Eltern-Kind-Beziehung.
   b) Diskutieren Sie die Gründe für den historischen Wandel in der Eltern-Kind-Beziehung.

2.2 Auf der Suche nach der eigenen Identität – Zentrale Symbole erschließen

Botho Strauß

Mädchen mit Zierkamm (1989)

*Botho Strauß (rechts, *1944) mit Regisseur Luc Bondy*

Es ist Mittag, und sie sonnt sich in der kleinen Anlage vor der U-Bahn-Station. Sie bückt sich nach einem Teil, einem Haarschmuck, etwas, das verloren neben der Bank am Boden liegt. Sie selbst trägt ein stakig[1] kurzes Punkhaar, steife Strähnen, wie in einer Alb-Nacht gezaust und zu Berge stehen geblieben. Vanilleton mit schneeweißen Streifen. Dazu ein violetter Pulli mit schlappem Schalkragen, ein sehr knapper Lederrock, schwarze Strumpfhose, schwarze, abgelaufene Stiefeletten, auch die Augen in schwarz ausgemalten Höhlen. Sehr kleines Gesicht, dünne, mondbleiche Haut, sodass an der Schläfe die Ader blau hervorschimmert. Zierliche, glatte Nase, bleigrün gestrichene Lippen, ein etwas zu breiter Mund, abfallendes Kinn.

Was also anfangen mit der kleinen Schildpattharke? Sie betrachtet sie, sie wendet sie, kratzt mit dem Daumennagel am Lack. Echt oder nicht? Sie lehnt sich zurück, nimmt das hübsche Fundstück zwischen die spuchtigen[2] Finger, spielt damit, als riefe es irgendeine Erinnerung herauf, an eine Freundin, eine Schwester vielleicht oder auch an die eigene Frisur, wie sie vor Jahren war … Dann werden die Ellbogen hochgezogen und auf die Banklehne gestützt, die Beine über Kreuz, der rechte Fuß wippt angeregt. Die lasch herabhängende Hand schaukelt das Ding, zwischen Zeige- und Ringfinger geklemmt, immer noch schielt sie hin mit leicht geneigtem Kopf, hält es anhänglich im Blick. Ein denkwürdiges, ein willkommenes Ding, eine kleine Freude offenbar. Das Ding ist keine Spange. Wie heißt es? Haarklemme. Wie sagt man genauer? Steckkamm. Die einfachsten Dinger, die man immer vergisst, verliert.

Das Mädchen ist bisher schlecht und recht mit den Menschen ausgekommen. Ihrer Meinung nach haben sie alle zu viel von ihr verlangt. Sie hat sich immer in der Lage befunden, irgendjemand anblaffen zu müssen. Sie hat ein loses Mundwerk, sagte man früher. Aber das ist es nicht. Ihr Mund hat sich zu einer kleinen, schnellfeuernden Schallwaffe entwickelt. Sie lässt sich nichts gefallen, aber ihr gefällt auch von vornherein nie etwas. Alle wollen irgendwas von ihr, das sie absolut nicht will. Weil einfach nichts von ihr gewollt werden soll. Was *sie* aber will, versteht sowieso keiner.

Meistens ist sie allein am Vormittag. Aber irgendwer findet sich im Lauf des Tages, in der Spielhalle, im Café oder in den Anlagen. Irgendwer, bei dem sie dann haltlos zu quasseln beginnt. Wie eine verrückte Alte. „Ansichtssache“, ihr Tickwort; es schiebt sich wie das Leerklicken im Magazin zwischen die Salven gepfefferter Ansichten. Sie besitzt jede Menge Munition von diesem aufsässigen Unsinn. Zuerst muss sie sich Luft verschaffen und mit dem Mund wild in der Gegend herumballern. Aber damit ist es noch nicht vorbei. Jetzt zieht sie scharf und beginnt das gezielte Anblaffen. Die Flappe, der vorgestreckte Hals, die ausgefahrenen Lippen richten sich auf einen zufällig quer stehenden Mitmenschen. So überhaupt nur, im Angriff, nimmt sie ihn wahr. Irgendetwas wird er schon gesagt haben, irgendetwas Missverständliches, das sie in Wut versetzt. Und wenn nicht, der Wechsel von Ballern zu scharfem Schnauzen vollzieht sich von selbst, braucht keinen äußeren Anlass.

„Unheimlich aggressiv“ nennt sich das. Tatsächlich kann man wenig dagegen tun. Man beruhigt sie mit nichts, man kann nicht auf sie einreden. Das Beste ist, man sucht schnell das

1 **stakig:** ungelenk, sperrig
2 **spuchtig:** dünn, hager

Weite. Dann tut sie nichts, sie springt einem nicht in den Rücken. Wenn man außer Sicht ist, beruhigt sie sich. Früher schwer, jetzt zu gar nichts mehr erziehbar. Weiß alles, weiß auch, warum. Wer kümmert sich außerdem um eine Zwanzigjährige, die ihre beste Zeit hinter sich hat, herumhängt und mit niemandem zurechtkommt?

Vor vier, fünf Jahren, da waren noch eine Menge Leute wie sie. Oder sahen wenigstens so aus. Auf der Straße war noch viel los, und die Menschen waren überhaupt viel ansprechbarer. Aber es stellte sich heraus, das war auch bloß Getue, nur Modezirkus. Von denen ist keiner übrig geblieben. Kaum einer.

Schildpattkamm, Ansichtssache.

Es gäbe die Möglichkeit, wirklich die Frisur zu wechseln. Die Haare wachsen lassen, einfach ein anderer Typ sein. Sie beugt sich vor, hebt die Hand, sieht sich das Stück von Nahem an.

Schildkrötenpanzer.

Braungelb geflecktes Horn. Drecksding. Schildkrötenmörder. Sie stellt sich vor: Wenn die Schildkröten hierzulande heilige Tiere wären wie die Kühe in Indien … Eine Schildkröte sein in ihrem uralten Panzer und ganz langsam die Fahrbahn überqueren, bis der sinnlose Verkehr zusammenbricht.

Sie stellt sich vor: Ihre Mutter hätte so ein Ding im Haar getragen. Warum eigentlich nicht? Schön war sie ja. Es fällt ihr dauernd aus der Frisur, wenn sie im Kiosk bedient, und ich muss es dann aufheben. „Tritt nicht drauf!“, brüllt sie. Hej, es gibt auch welche aus Plastik, die sind bedeutend billiger, du!

Das Mädchen blinzelt durch die Kammzähne in die Sonne. Es träumt nicht. Es weiß Bescheid. Die Lage kann sich stündlich verbessern. Es hängt immer alles von irgendeinem entscheidenden Knackpunkt ab. Die Welt an sich macht alles mit. Es kommt bloß darauf an, wie du dich selber fühlst. An sich: jede Menge Erleichterungen. Man kann sich nicht beklagen.

Die Möglichkeiten sind immer ihr Schönstes gewesen. Sobald jemand da ist, gibt's keine Möglichkeiten mehr. Gibt's meistens Krach.

Menschenfreundlichkeit hängt stark vom Wetter ab. Ob man draußen allein auf einer Bank sitzen kann und von allen in Ruhe gelassen wird – dann sind die Leute Möglichkeiten, mit denen man umgehen kann. Der Mund hängt halb geöffnet, schussbereit. Herumreden ist genauso schädlich wie Rauschgift, Suff und Tabletten. Aber eben: Man kann's nur schwer lassen. Schöne Haare, große Mähne. Da braucht man nicht mehr viel sagen, das wirkt von selbst. Die Leute halten Abstand. Obwohl es wahrscheinlich zu mir nicht besonders passen würde. Da muss man schon den ganzen Typ verändern.

Reden ist Suff.

Hübsche Knie. Hübsche Ohren. Was noch? Vielleicht ganz hübsches Oberteil. Jedenfalls müssten die Ohren frei bleiben. Man kann sich ja auch mit dem Ding die Haare bloß an der Seite hochstecken. Aber ich habe ein viel zu kleines Gesicht für lange Haare.

Früher ja. Aber im Sommer ist es die Hölle.

Das Mädchen nimmt, was es zuerst eine Haarklemme, dann einen Steckkamm genannt hat, zwischen die Ballen der rechten und der linken Hand. Sie spreizt die Ellbogen und drückt zu. Das Horn zerbricht, sie lässt die beiden Teile zwischen ihren Beinen zu Boden fallen. Sie lehnt sich zurück, steckt den Mittelfinger in die Nase, kramt, lutscht die Kuppe ab, reibt den Finger kreuzweis auf der Strumpfhose über dem Knie, blickt sich um.

Was kommt jetzt? Dies wäre der geeignete Moment für etwas Neues.

Alles nur kurz. Und das immer wieder.

Immer dasselbe, aber nur kurz.

Es wird Frühjahr. Die ersten warmen Tage. Die Leute fangen an, sich draußen auf die Bänke zu pflanzen.

Die Schmunzelkontakte breiten sich aus. Höchste Zeit, sich anderswo umzusehen. Das Mädchen zieht den Saum seines Minirocks vor – weit entfernt, damit die Knie zu bedecken. Uralter, zweckloser Anstandsreflex. Man sieht ohnehin der Strumpfhose bis in den Zwickel. Das Mädchen steht auf. Es schlurft in den knautschigen Stiefeletten über den gepflasterten Anlagenweg. Dürre, nach innen verdrehte Beine. Kein Tag ohne Erleichterungen.

Wer weiß, weshalb einer seine Stimme erhebt. Ob es noch einen anderen Grund gibt, als sich in ein allgemeines, beruhigendes Getuschel einzumischen? Es sind die vertrauten Stimmen von nebenan, die dich ruhig schlafen lassen. Sei du für einen anderen die Stimme von nebenan, undeutlich, lebendig, nimmermüd.

Arbeitsanregungen

1. a) Charakterisieren Sie die Figur des Mädchens (▸ Methodenbausteine, S. 8). Was erfahren Sie über ihre Lebenssituation und über ihre Einstellung zum Leben?
   b) Welche Rolle spielt dabei die Art der Vermittlung? Analysieren Sie Sprache und Erzählweise des Textes (▸ Methodenbausteine, S. 17 u. 47).
   c) Diskutieren Sie, ob die Figur des Mädchens eine Entwicklung durchläuft.
2. Das zentrale Symbol der Kurzgeschichte ist der Schildpattkamm. Erläutern Sie seine Bedeutung.
3. Der vom Rest des Textes durch einen Strich abgesetzte Schlussabsatz enthält eine allgemeine Aussage. Deuten Sie diese in Bezug auf den Text.

Jenny Erpenbeck

Haare (2001)

Im Bauch meiner Mutter sind mir lange schwarze Haare gewachsen, die zu Berge stehen, als ich auf die Welt komme. Es ist Frühling, und die Welt ist sehr hell. Ein schwarzes Haar nach dem andern kapituliert, fällt aus, fliegt davon, und überläßt blonden Geschwistern die Nachfolge auf meinem Kopf.

Als ich drei Jahre alt bin, steckt mein Vater mir noch Zöpfe aus Gras an, aber bald kann man meine Haare schon in zwei Büscheln zusammenfassen. Rechts und links über den Ohren stehen diese Büschel in einem Bogen von mir ab, wie Wasser, das aus einem Rohr kommt, entspringen sie einem Zopfhalter, der aussieht wie eine Kreuzung aus Margaritenblüte und Kronkorken. Bis ich fünf Jahre alt bin, werden meine Haare also gewaschen, gebürstet und gebüschelt, manchmal sogar schon geflochten. Warum es meiner Mutter ausgerechnet am Vorabend eines ersten Mai[1] einfallen muß, sie kurz zu schneiden, weiß inzwischen niemand mehr. Heraus zum ersten Mai! Im Radio spielen sie Blasmusik. Den abgeschnittenen Zopf steckt meine Mutter zur Erinnerung in ein durchsichtiges Etui. Ich muß heraus zur Maidemonstration, aber zu Hause liegen fünfzehn Zentimeter von mir im gläsernen Sarg! An diesem Morgen defilieren[2] Tausende an meinem kurzgeschorenen Kopf vorüber, sie zeigen mir ihre Zähne, sie lachen, nein, sie lachen mich aus, die ganze Stadt beugt sich über mich und streicht mir über den Kopf und lacht mich aus, selbst die Fahnen lachen, sie neigen sich über mich und lassen in einzigartiger Bosheit ihr langes rotes Haar in Wellen auf mich herabfallen.

Von diesem ersten Mai an will ich mindestens so dicke Zöpfe haben wie meine Cousine Heike. An deren Zöpfe kann sich rechts und links je ein Kind anhängen, dann dreht sie sich, und die Kinder fliegen. Meine Cousine Heike ist ein Karussell, ich will auch ein Karussell werden. Zu dieser Zeit sind die Haarbürsten mit den vielen einzelnen Borsten aus Plaste noch nicht erfunden, und einige Jahre später, als sie im Westen schon erfunden sind, erfahren wir nichts davon. Mit einem Kamm dauert das Auskämmen nach dem Haarewaschen zwei Stunden. Zwei Stunden sitze ich auf einem Hocker im Bad, ein Handtuch um die Schultern, und halte meiner Mutter den nassen Kopf hin, während diese ihre schwere Maischuld abbüßt, mein Haar in Strähnen unterteilt und Strähne für Strähne entfitzt. Einmal pro Woche geben wir uns auf diese Weise der Wiederherstellung der Pracht hin, zum Glück ist zu dieser Zeit die tägliche Haarwäsche noch nicht erfunden, und als sie im Westen schon erfunden ist, erfahren wir nichts davon. Während eines knappen Jahrzehnts gehören nun zwei blonde Zöpfe zu mir, die in Schlangenlinien in der Luft herumfliegen, wenn ich auf dem Schulweg renne, weil ich schon wieder zu spät bin. Mit deren Enden ich die Schallplatten abputzte, wenn ich den Lappen nicht finden kann. Aus denen ich im Sommer nach dem Baden das Wasser sauge. Ich knote die Zöpfe hinten ineinander, damit sie mir nicht über die frische Tinte wischen, klemme sie manchmal aus Versehen ein, wenn ich eine Tür zu schnell hinter mir zumache, und ich gehe mit diesen zwei Zöpfen zu meinem ersten Rendezvous. Der mir gefällt, trägt eine Lederjacke, die über und über mit Sicherheits-

1 **Erster Mai:** Tag der Arbeit, der in der DDR mit Paraden und Aufmärschen und roten Fahnen gefeiert wurde
2 **defilieren:** feierlich vorbeimarschieren

Sandro Botticelli: Die Geburt der Venus (ca. 1485/86, Detailansicht)

nadeln besteckt ist. Die Punks sind erfunden, aber ich habe nichts davon erfahren. Ich wickle mir die Quaste vom Zopf um den Zeigefinger und weiß nicht, was ich sagen soll. Der Punk ruft kein zweites Mal an, meine Haare geraten in Auflösung. Die Revolution auf meinen Kopf sieht nicht rot oder lila aus wie bei meinen Altersgenossinnen – mich emanzipiert sie zum Weihnachtsengel. Offene Haare! Was bisher Feiertagsfrisur war, erlaube ich mir jetzt für immer, natürlich muß ich nun selber kämmen. Und was bei Botticelli[3] paradiesisch aussieht, verklemmt sich unter den Riemen meines Schulranzens, lädt sich elektrisch auf, wenn ich einen Pullover über den Kopf ziehe, verzwirbelt sich in unruhigen Nächten zu einem Filz. Für fünf selige Minuten im Fahrtwind hinten auf einem Moped reiße ich mir hinterher eine halbe Stunde am Schopf herum, und die ganz und gar unauflösbaren winzigen Knoten schneide ich schließlich nach klassischem Vorbild einfach ab. Einmal werde ich im Sommerurlaub ohnmächtig, als ich bei über dreißig Grad mit schiefem Kopf und einem wie der Hebel einer Maschine auf- und abfahrenden Arm an der allmorgendlichen Herrichtung meiner Frisur arbeite. Hin und wieder verwünsche ich diese Haare inbrünstig, aber so inbrünstig, wie man nur Dinge verwünscht, auf die man sich verlassen kann. Keinen Moment lang vergesse ich, daß meine Haare ein Schatz sind, in dem meine ganze Lebenszeit aufbewahrt ist, und bin geradezu besessen von der Idee, daß jemand sie mir im Schlaf abschneiden könnte. In blutigen Phantasien male ich mir aus, wie ich den Schändling martern würde.

Als ich sechzehn bin, verfängt sich der erste Mann in meinem Haar, und da, wie es scheint, haben die Fangschnüre ihren Zweck endlich erfüllt. Es wandelt mich eine Lust an, die ich bis dahin nicht kannte: diesen Flachs, der mir als Mädchen gewachsen ist, von mir zu trennen. Zum ersten Mal in meinem Leben gehe ich zu einem Friseur, der Friseur schneidet über einen halben Meter ab, das Haar fällt zu Boden, der Friseur kehrt es zusammen und wirft es in den Mülleimer. Als ich mit meinem Freund in den Herbstferien nach Hiddensee übersetze, bläst mir der Wind um den Kopf. Es gibt aber nichts mehr, das sich verwirren könnte. **R**

3 **Sandro Botticelli (1445–1510):** italienischer Maler der Frührenaissance

Arbeitsanregungen

1. a) Ordnen Sie in einer Tabelle den einzelnen Lebensabschnitten der Ich-Erzählerin die jeweilige Haartracht und die ihr entsprechende Lebenssituation zu.

Alter	Haare	Lebenssituation
0 Jahre	schwarze Haare	Abhängigkeit von Mutter
...	...	...

   b) Deuten Sie die Haartracht vor dem Hintergrund der jeweiligen Lebenssituation.
2. Vergleichen Sie die Texte von Strauß (► S. 75 f.) und Erpenbeck hinsichtlich der Darstellung der Hauptfigur.
3. Verfassen Sie einen Text, in dem Lebenssituationen und Entwicklungen einer Figur anhand eines zentralen Symbols beschrieben werden. Als ein solches Symbol könnte z. B. die Vorliebe der Figur für eine bestimmte Farbe oder einen bestimmten Kleidungsstil dienen. Beginnen Sie so:
   Als ich auf die Welt kam, ...

3 Leben in zwei Welten

3.1 Fremde Sprache, fremde Welt – Autobiografische Texte vergleichen

Der autobiografische Comic „Persepolis. Jugendjahre" (2004) von Marjane Satrapi (*1969) handelt von einem jungen iranischen Mädchen, Marjane, dessen Eltern sich nach dem Sturz des Schahs im Jahre 1979 entschlossen haben, ihre Tochter nach Wien zu schicken, um sie vor den Auswirkungen der islamischen Revolution und des Irak-Iran-Krieges zu schützen.

① *Kurz nach der Ankunft in Wien: Marjane im Gespräch mit Shirin, einer Freundin aus Kindertagen*

② *In einem Supermarkt*

③ *Marjane zu Besuch bei Lucia, die sie in Wien kennen gelernt hat*

Arbeitsanregungen

1. Erläutern Sie, mit welchen Herausforderungen Marjane sich in Wien konfrontiert sieht.
2. Welche weiteren Erfahrungen könnte sie machen? Halten Sie Ihre Ideen in einem Cluster fest.

Die Brücke vom Goldenen Horn

Seit vielen Jahren publizieren Schriftsteller/-innen in der Bundesrepublik, deren Muttersprache nicht Deutsch ist oder die in Familien mit einer Migrationsgeschichte zweisprachig aufgewachsen sind. Die Erfahrungen mit dem neuen Land und seiner Sprache sind oft Thema ihrer Texte.

Emine Sevgi Özdamar

Die Brücke vom Goldenen Horn

(1998) – Erster Auszug

*In dem Roman „Die Brücke vom Goldenen Horn" der türkischstämmigen Schriftstellerin Emine Sevgi Özdamar (*1946) macht sich die 17-jährige Ich-Erzählerin von Istanbul aus auf den Weg nach Westberlin, um dort in einer Fabrik zu arbeiten.*

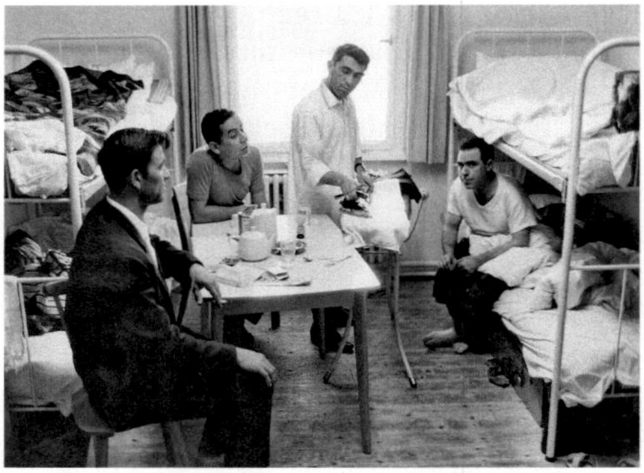

Gastarbeiter in einem Wohnheim in Berlin (1965)

In der Stresemannstraße gab es damals, es war das Jahr 1966, einen Brotladen, eine alte Frau verkaufte dort Brot. Ihr Kopf sah aus wie ein Brotlaib, den ein verschlafener Bäckerlehrling gebacken hatte, groß und schief. Sie trug ihn auf den hochgezogenen Schultern wie auf einem Kaffeetablett. Es war schön, in diesen Brotladen hineinzugehen, weil man das Wort Brot nicht sagen musste, man konnte auf das Brot zeigen.

Wenn das Brot noch warm war, war es leichter, die Schlagzeilen aus der Zeitung, die draußen auf der Straße in einem Glaskasten hing, auswendig zu lernen. Ich drückte das warme Brot an meine Brust und meinen Bauch und trat mit den Füßen wie ein Storch auf die kalte Straße.

Ich konnte kein Wort Deutsch und lernte die Sätze, so wie man, ohne Englisch zu sprechen, „Ich can't get no satisfaction" singt. Wie ein Hähnchen, das Gak gak gak macht. Gak gak gak konnte ein Antwort sein auf einen Satz, den man nicht hören wollte. Jemand fragte zum Beispiel „Niye böyle gürültüyle yürüyorsun?" (Warum machst du so so viel Krach, wenn du läufst?), und ich antwortete mit einer deutschen Schlagzeile: „Wenn aus Hausrat Unrat wird." […]

In der Arbeitshalle gab es nur Frauen. Jede saß da allein vor einem grün gefärbten Eisentisch. Jedes Gesicht schaute auf den Rücken der anderen. Während man arbeitete, vergaß man die Gesichter der anderen Frauen. Man sah nur Haare, schöne Haare, müde Haare, alte Haare, junge Haare, gekämmte Haare, ausfallende Haare. Wir sahen nur ein Frauengesicht, das Gesicht der einzigen Frau, die stand, Frau Mischel. Meisterin. Wenn die Maschinen der griechischen Arbeiterinnen kaputtgingen, riefen sie nach ihr: „Frau Missel, komma." Ihre Zungen konnten kein Sch aussprechen. Wenn wir, unsere Lupen auf unseren rechten Augen, auf Frau Missel schauten, sahen wir die eine Hälfte von Frau Missel immer größer als ihre andere Hälfte. So wie sie unsere rechten Augen immer größer als unsere linken Augen sah. Deswegen schaute Frau Missel immer auf unsere rechten Augen. Ihr Schatten fiel den ganzen Tag auf die grünen Arbeitstische aus Eisen. […]

Die ersten Wochen lebte wir zwischen Wonaymtür, Hertietür, Bustür, Radiolampenfabriktür, Fabriktoilettentür, Wonaymzimmertisch und Fabrikgrüneisentisch. Nachdem alle Frauen bei Hertie die Sachen, die sie suchten, finden konnten und Brot sagen gelernt hatten, nachdem sie sich den richtigen Namen ihrer Haltestelle gemerkt hatten – zuerst hatten sie sich als Namen der Haltestelle „Haltestelle" notiert – machten die Frauen eines Tages den Fernseher im Wonaymsalon an.

Der Fernseher stand von Anfang an da. „Wir gucken mal, was es da drin gibt", sagte eine Frau. Von dem Tag an schauten viele Frauen im Wonaymsalon am Abend im Fernsehen Eiskunstlaufen.

Arbeitsanregungen

1. Erläutern Sie die Schwierigkeiten, mit denen die Ich-Erzählerin und ihre Kolleginnen anfangs in Deutschland zu kämpfen haben. Wie gehen sie mit diesen Schwierigkeiten um?
2. a) Beschreiben Sie, wie die Ich-Erzählerin versucht Deutsch zu lernen.
   b) Diskutieren Sie, warum für die Ich-Erzählerin alternative Wege, sich der deutschen Sprache zu nähern (z. B. Gebrauch eines Lexikons, Besuch eines Sprachkurses), zu diesem Zeitpunkt nicht möglich sind.
3. Weil die Ich-Erzählerin die deutsche Sprache nicht versteht, beobachtet sie ihre Umgebung besonders genau. Untersuchen Sie die sprachliche Gestaltung der entsprechenden Textstellen. Achten Sie besonders auf die Wortwahl und die rhetorischen Figuren (▸ Methodenbaustein, S. 47).
4. a) Die Gastarbeiterinnen und Gastarbeiter waren in den 1960er-Jahren meist jeweils getrennt in speziellen Wohnheimen untergebracht. Dort lebten sie auf engstem Raum zusammen. Verfassen Sie einen kurzen Text aus der Perspektive der Ich-Erzählerin, in dem diese ihr Leben im Wohnheimzimmer schildert (▸ Methodenbaustein, S. 36). Das Foto auf S. 80 kann Ihnen dabei als Anregung dienen.
   b) Stellen Sie sich die Texte in Partnerarbeit gegenseitig vor und diskutieren Sie Gemeinsamkeiten und Unterschiede.

Emine Sevgi Özdamar

Die Brücke vom Goldenen Horn
(1998) – Zweiter Auszug

Nach einem Jahr in Berlin und einem kurzen Zwischenaufenthalt in Istanbul reist die Ich-Erzählerin abermals nach Deutschland. Am Goethe-Institut einer Stadt am Bodensee lernt sie Deutsch. Zurück in Berlin bekommt sie wegen ihrer guten Deutschkenntnisse eine Stelle als Dolmetscherin bei Siemens.

Wenn ich Deutsch sprach, fing ich meine Sätze wieder mit „Entschuldigen Sie bitte" an. Nach rechts sagte ich zum Meister: „Entschuldigen Sie mich bitte …" Wenn ich nach links ins Türkische übersetzte, fehlte das Wort „Entschuldigung". Die Arbeiter sagten „Sag dem Meister, ich will genau wissen …" Ich übersetzte das nach rechts zum Meister. „Entschuldigen Sie mich bitte, aber der Arbeiter sagt, Sie sollen ihn entschuldigen, aber er will genau wissen …" Wenn ich beim Arzt übersetzte und ein Blatt aus den Händen des Arztes herunterfiel, sagte ich: „Ach, entschuldigen Sie bitte." – „Bitte, bitte", sagte der Arzt. Er bückte sich dann herunter, um das Blatt aufzuheben, auch ich bückte mich, und mein Kopf stieß mit seinem Kopf zusammen. Ich sagte wieder „Ach, entschuldigen Sie bitte." Wenn ich die Tür, auf der „Drücken" stand, zu mir heranzog und die Tür nicht aufging, sagte ich zum Pförtner: „Ach, entschuldigen Sie bitte."

Einmal saß ich im Wohnheimbüro, eine Hand unter dem Kinn, es war dunkel im Büro, und Madame Gutsio kam herein. Sie schaltete das Licht an, und ich sagte: „Ach, Entschuldigung." Gutsios Hand blieb am elektrischen Schalter, und sie sagte: „Warum entschuldigst du dich?" – „Ja, richtig, Entschuldigung", sagte ich.

„Warum entschuldigst du dich, Zuckerpuppe?"

„Ja, richtig, entschuldige."

„Entschuldige dich doch nicht."

„Okay, Entschuldigung."

Gutsio setzte sich vor mich hin und sagte: „Entschuldige bitte, aber warum entschuldigst du dich so viel?"

„Entschuldigung, ich entschuldige mich nicht mehr." Gutsio sagte: „Entschuldigung, Zuckerpuppe, aber du entschuldigst dich immer noch."

„Ja, entschuldige, ich will mich nicht mehr entschuldigen."

„Entschuldige dich nicht, Schluss."

„Gut, ich entschuldige mich nicht, Entschuldigung."

Gutsio schüttelte den Kopf und sagte: „Zuckerpuppe, Zuckerpuppe, mir gefällt das nicht, dass du dich immer entschuldigst."

Auch die neuen Arbeiter, die noch kein Deutsch sprachen, lernten bald von mir das Wort „Entschuldigung" und sagten „Ensulduqu". Sie saßen vor ihren Maschinen, der Meister lief zwischen ihnen hin und her, und wenn sie den Meister etwas fragen wollten, riefen sie laut „Ensuldugu“, als ob es der Name des Meisters wäre. Bald nannten alle Arbeiter den Meister „Ensuldugu“. Der Meister saß in einem Zimmer, dessen Wände aus Glas waren. Die Arbeiter klopften an das Glas und riefen: „Ensuldugu“. Hinter dem Glas las der Meister an ihren Lippen das Wort „Ensuldugu“, stand auf und ging mit ihnen zu ihren Maschinen, und plötzlich entschuldigte ich mich nicht mehr.

Ein deutsches Wort war mir zu hart: müssen. Deswegen übersetzte ich „Sie müssen das und das machen“ den Arbeitern mit „Ihr werdet das und das machen“. Aber wenn der Meister mich fragte: „Haben sie ihnen gesagt, dass sie den Hebel nur leicht ziehen müssen?“, antwortete ich ihm in Deutsch: „Ja, ich habe ihnen gesagt, dass sie den Hebel nur leicht ziehen müssen.“ Das Türkische konnte ich von dem Wort „muss“ trennen, die deutsche Sprache nicht.

Arbeitsanregungen

1. Stellen Sie Vermutungen darüber an, warum die Ich-Erzählerin sich auf Deutsch immer entschuldigt, auf Türkisch hingegen nicht.
2. Erklären Sie, was die Verwendung des Verbs „müssen“ über ihr Bild von Deutschland und der Türkei aussagt.

In Deutschland leben

SAID

In Deutschland leben (2004)

In dem Gesprächsband „In Deutschland leben“ berichtet der iranische Lyriker SAID (Pseudonym, bedeutet: der Glückliche), der 1965 im Alter von 17 Jahren als Student nach München kam und wegen seines politischen Engagements nicht in den vom Schah regierten Iran zurückkehren konnte, von seiner allmählichen Annäherung an die neue Heimat und die Deutschen.

*SAID (*1947)*

in frankfurt ist mir das andere tempo gleich aufgefallen. die leute gingen anders, waren im wortsinn *beschäftigter*. der flughafen von teheran war ein ort der müßiggänger, man fuhr zum kaffeetrinken dort hin. nicht so in frankfurt. in der hektischen und unpersönlichen atmosphäre warteten wir. ein verwandter sollte uns vom flughafen abholen; aber er erschien nicht. nach einer ganzen weile sprach uns eine lufthansa-stewardess an. sie war sehr schön, und wir waren völlig eingeschüchtert, weil wir so lange gewartet hatten. sie sprach gut persisch: sucht ihr ein hotel? sie gab uns ihre karte und schrieb auf die rückseite eine adresse; wir sollten die karte an der rezeption zeigen.

das hotel war in der nähe des frankfurter hauptbahnhofs, in der kaiserstraße, bilde ich mir heute ein. wir waren unsicher: sollten wir noch einmal in die stadt gehen? nein, besser wir bleiben in der sicherheit des zimmers. aber am abend gingen wir dann doch hinaus. damit wir uns nicht verirrten, gingen wir die hauptstraße auf und ab – immer wieder.

am tag darauf kamen wir nach münchen. dort bin ich geblieben. seit beinahe vierzig jahren.

[...]

1979 arbeitete ich in der „internationalen jugendbibliothek“. zu hause hatte ich mir angewöhnt, neben dem radio zu schlafen. am 16. januar wachte ich um sieben auf und hörte die nachrichten: heute soll der schah den iran verlassen, wurde gemeldet. einmal hatte ich mit einer freundin vor dem fernseher gesessen, der bilder von der armee seiner majestät zeigte: 600 000 soldaten, panzer, hubschauber, hovercrafts. die freundin hatte mich gefragt: und du willst dieses regime stürzen? an diesem morgen drehte ich mich nach den sieben-uhr-nachrichten noch einmal um. ich glaubte

nicht, was ich gehört hatte. um acht hieß es dann: der schah hat den iran verlassen. ich drehte mich noch einmal um. als verlautet wurde, seine majestät sei in ägypten eingetroffen, stand ich auf und ging zur arbeit. der ist nicht wirklich weg, sagte ich dort. es dauerte stunden, bis ich begriffen hatte, dass der schah wirklich weg war , dass das exil zu ende war und ich wieder nach hause fahren durfte. und ich fuhr nach hause. die erfahrungen dieser reise habe ich in meinem buch „wo ich sterbe, ist meine fremde“ aufgezeichnet.
in teheran nahm ich mit einem kinderbuchverlag kontakt auf. ich hatte zuvor bereits mit ihm zusammengearbeitet. du kommst nach vierzehn jahren zurück, sagte mir der verleger, du bist nicht religiös. es tut uns leid, du würdest uns unter den mullahs nur scherereien machen. ich blieb sieben wochen in teheran. wie um mir selbst zu beweisen, dass ich hier fremd geworden war. ich ging in eine apotheke und sagte in der tür: guten tag. alle drehten sich nach mir um. mein gruß in den raum war eine deutsche angewohnheit. ein iraner hätte erst gegrüßt, wenn er an der reihe gewesen wäre. einmal bei einem abendessen in einem restaurant sagte der kellner, noch bevor ich ein wort herausgebracht hatte, du kommst aus dem ausland. und er wollte mir nicht sagen, woran er das bemerkt hatte. es machte mich wütend. aber die zeit prägt hier anders, als sie es dort täte. ich hatte nicht gewusst, dass ich entfremdet war. vierzehn jahre sind eine lange zeit.
heute, 24 jahre nach der islamischen revolution, sitze ich in meinen zweiten exil, in deutschland, und trachte – wie es auf jiddisch heißt –, auf welche weise ich fremd geworden bin. manchmal sitze ich mit iranischen freunden beisammen und mache ein witz, den schon die vierzigjährigen nicht verstehen, weil er auf etwas anspielt, das sie nicht mehr kennen. wenn besuch aus teheran kommt, stellt er fest, dass mein persich korrekt ist und rein, aber altertümlich wie konserviert. ich gebrauche nie fremdwörter, wenn ich persisch spreche. in teheran ist das persische voller amerikanismen.
kennen sie die Geschichte von rip van winkle, wie max frisch[1] sie erzählt? ein mann aus dem amerikanischen süden fällt für jahre in einen zauberschlaf und verschläft den bürgerkrieg. eines tages wacht er auf und geht ins nächste dorf, um ein bier zu trinken. seine kleidung, seine sprache, die münzen, mit denen er bezahlen will, sind fremd. [...]
erst lange nach meiner rückkehr aus dem teheran der islamischen revolution habe ich ein buch über meine mutter geschrieben. während der niederschrift habe ich begriffen, dass es im iran keinen platz mehr für mich gibt. bis dahin war mein leben in deutschland ein provisorium:
„denn bleiben ist nirgends“, schreibt rilke[2] in den „duineser elegien“. nach dem buch über meine mutter jedoch machte sich in mir die gelassenheit des besiegten breit. heimat ist ein begriff des unbewussten. hätte sie mir 1964 in teheran gesagt, das ist deine heimat, hätte ich geantwortet, es ist doch nur eine stadt. aber bis heute zähle ich auf persisch. wenn ich krank bin, möchte ich persisch lesen. wenn ich müde bin, möchte ich persisch sprechen. [...]
deutsch, müssen sie wissen, galt unter iranern als eine sehr schwierige sprache, wobei die hauptschwierigkeit die aussprache ist. es gibt kein „ch“ im persischen, kein „ü“ – und dann diese erbarmungslose aneinanderreihung von konsonanten! „straßenbahn!“ das zweite problem war die satzstellung. das persische hat eine generalregel: das verbum kommt immer an zweiter stelle. da muss man nicht brüten – zum beispiel bei den nebensätzen. mir sagte einmal michael ende[3], der in italien lebte, ein italienischer freund habe ihm erklärt: „jetzt verstehe ich langsam, warum ihr deutschen so höflich seid. ihr müsst abwarten, bis das verbum kommt.“ [...]
ich kam damals in ein studentenheim, ein ganz kleines haus in moosach. es hieß africanum und wurde von missionaren betrieben. ich zahlte damals 50 mark miete im monat für ein doppelzimmer, das ich mir mit einem anderen iraner teilte. sonst wohnten afrikaner, araber und deutsche im wohnheim. es gab also nur wenige gelegenheiten, persisch zu sprechen. In der adelheidstraße besuchte ich jeden tag einen deutschkurs für ausländer. ich habe immer freude an sprachen gehabt und habe wirklich gepaukt. auf der linken schreibtischseite lag das wörterbuch, auf der rechten

1 **Max Frisch (1911–1991):** Schweizer Schriftsteller

2 **Rainer Maria Rilke (1875–1926):** deutsch-österreichischer Dichter; die „Duineser Elegien“ (1912/22) gelten als eines seiner bedeutendsten Werke

3 **Michael Ende (1929–1995):** deutscher Schriftsteller

die „süddeutsche zeitung“. das fernsehen war auch eine gute schule. und die deutschen kollegen natürlich, mit denen ich mich sehr gut verstanden habe. wir sind zusammen schwimmen gegangen und haben fußball gespielt. oft wurde ich auch in ihre elternhäuser eingeladen, in die kleinen dörfer rund um münchen herum. „gehen wir ein bier trinken“, „gehen wir ins kino“, „ich kann besser schwimmen als du“ – dieses alltägliche eben hat eine gewisse gewandtheit mit sich gebracht nach ein paar monaten.

mein hauptproblem aber löste das nicht. ich war restlos fixiert auf die aussprache des deutschen. auch in den sechziger jahren war die ausländerfeindlichkeit spürbar, und türen öffneten sich oft erst in dem moment, da man ein klares deutsch sprach. außerdem, ich gebe es zu, wollte ich mich partout von der gruppe der gastarbeiter unterscheiden. so verhinderte meine fixierung, dass ich bis zum kern der sprache vordrang. die aussprache wurde mein korsett, das ich nur ablegte, wenn ich deutsch las.

Arbeitsanregungen

1. a) Beschreiben Sie, was SAID nach seiner Ankunft in München unternimmt, um Deutsch zu lernen.
   b) Erläutern Sie die Herausforderungen, die die deutsche Sprache an ihn stellt.
   c) Vergleichen Sie den Sprachlernprozess von SAID mit Ihrem eigenen Erlernen einer Fremdsprache in der Schule. Hatten Sie beim Erlernen einer Fremdsprache ähnliche Schwierigkeiten? Nennen Sie Beispiele.
2. a) Halten Sie in einer Tabelle fest, welches Verhältnis SAID in den unterschiedlichen Phasen seines Lebens zum Iran und zu Deutschland hat. Die Tabelle könnte wie folgt aussehen:

Lebensphase	**Verhältnis zum Iran und zu Deutschland**
1965 (17 Jahre): Ankunft in ...	fühlt sich fremd, ...
ab 1965: Leben im Studentenwohnheim in ...	
vor 1979, vor der islamischen Revolution	
1979, islamische Revolution, Rückkehr in ...	
ab 1979, nach der Rückkehr nach ...	
heute, 2003, in Deutschland	

   b) Vergleichen Sie Ihre Arbeitsergebnisse mit denen Ihres Lernpartners/Ihrer Lernpartnerin. Überlegen Sie gemeinsam, welcher Zusammenhang zwischen dem Erlernen und dem Gebrauch der deutschen Sprache und dem Gefühl, sich in Deutschland zu Hause zu fühlen, besteht.
3. Vergleichen Sie SAIDs erste Erfahrungen mit Deutschland und der deutschen Sprache mit denen der Ich-Erzählerin aus „Die Brücke vom Goldenen Horn“. Halten Sie Gemeinsamkeiten und Unterschiede in einem Schnittmengendiagramm fest.

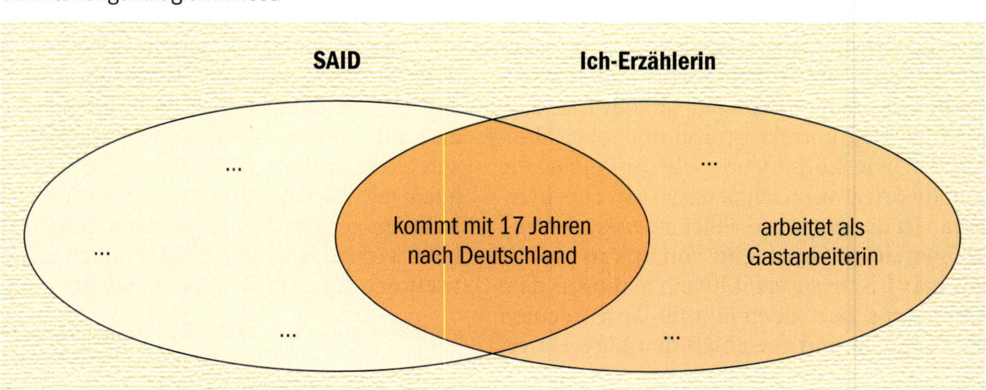

3.2 Fremd geblieben? – Literarische und pragmatische Texte untersuchen

Arbeitsanregungen

1. Erläutern Sie, inwiefern die Personen auf den Fotos – obwohl sie schon lange in Deutschland leben – ein „Leben in zwei Welten" führen.
2. Wählen Sie eines der Fotos aus und überlegen Sie, wie das „Leben in zwei Welten" für die abgebildete(n) Person(en) aussehen könnte: Inwiefern leben sie in der deutschen Welt, inwiefern fühlen sie sich dort fremd und leben eher in der Welt ihrer Heimat? Worin könnte der Reiz eines Lebens in zwei Welten bestehen? Mit welchen Schwierigkeiten könnten sie konfrontiert sein?

Feridun Zaimoglu (*1964) lässt in seinem Werk „Kanak Sprak" (1995) in 24 Monologen junge Männer türkischer Abstammung zu Wort kommen, wobei er nach eigenen Angaben bewusst keine Interviewpartner ausgewählt hat, die man als „integriert" oder „sozial verträglich" bezeichnen kann.

Feridun Zaimoglu

Kanak Sprak (1995) – „Ich bin, der ich bin", Hasan, 13

Also, du hörst es von mir, ich hab mir den ganzen mist was abläuft gemerkt: Du bist der fighter und drehst fein deine runden und nimmst die puste aus deinen verdammten lungen, und machst daraus ne schöne form mit nem spitzen ende und sagst den hängern: freunde, nicht mit mir, mit mir nich, und die kapieren wie nix gutes. Und die sagen: Du bist auf'm damm, mann, wie willst du, dass wir dich nennen? Und du sagst: Ich bin, der ich bin! […] Man muss die hänger dazu bringen, dass sie dich von weitem erkennen, als wärst du ne olle ampel, wichtig ist, wer die frage stellen darf: Was hängst du hier rum? Die gegend is wichtig, genauso wie die dampfende schüssel, die mir mutter vorsetzt, und sie sagt: Iss, damit du kräftig wirst. Und was heißt das? Das heißt: Lass dich nicht unterkriegen. Also in der gegend wohn ich schon seit meinem ganzen leben, wenn ich rausgeh, muss ich wissen, wo die hänger sind und ob die da hängen dürfen, und dass ich fragen kann: Hier hängt ihr rum, das geht klar, weil's meine verdammte gegend is. Du könntest nich auf die zugehen, da ziehn sie ganz schön ne wand hoch wie nix gutes, du bist baff, wie schnell das geht, an die hänger kommst du nich ran, da is pech vor und dahinter, ne ganze mannschaft, an denen du dir die ollen zähne ausbeißt, die ziehn dich denn in die schlinge und stellen fragen. Alles ist geschlossen, wenn dir nicht danach ist, dich zusammenzutun, kommt der schreck und packt dich weg, bruder, das kann ich dir sagen. Deine chance heißt: Mit paar hängern vermassele ich's mir nich, ich hab nen wert, ich hab ne zweite haut, da brauch ich feinen zwirn nich, weil der wert, den gibts nicht im kaufhaus, den hast du, weil die leute sagen: Der ist die gegend. Pass auf, sie meinen nicht, dass du in derselben gegend hängst wie sie, sie sagen, du bist die gegend, und das musst du erst mal in den kopf kriegen. Du kommst zur Welt als knitteriger schlabberlatz, die ziehn dich dann groß, bis du in'n paar schuhe reinpasst und später brauchst du keine windeln und kannst dir selbst die senkel binden. Auch mit der familie und auch mit nem namen bleibst du ein bastard, du hast krause haare und benimmst dich nicht wie die deutschen, denen das licht längst ausgegangen is, du hast was vor, aber ne menge arschlöcher möchten dich aus der gegend haben, und wenn du dich nicht wehrst, kappen sie dir die leitung und machen dich zur dunklen memme, da verbringst du tag und nacht damit, wie's um dich steht, doch weil die kraft dich zurückstemmt, bist du mächtig in der klemme, mann, dir kann das nich egal sein, dass dir der olle sabber runterläuft wie bei der irren abteilung in der geschlossenen; du hast das gefühl, da is ne teuflische pranke auf deinen augen, und das ganze feixen bringt dich nich ne elle weiter. [...] also ich sag dir: Das wasser schläft, der feind nimmer, heißt doch so bei uns, du musst lernen, im rechten winkel zu lugen, ob um die ecke gehen wirklich was bringt, weil da ja vielleicht 'n hänger dir die gurgel putzen möcht, und lass dich bloß man nich ficken. Ich mach mir mein paradies und merk mir die hölle der anderen, weil du leicht da hineingerätst, und die falle schnappt zu. [...] Falsch ist falsch, im dreck stecken is falsch, 'n hänger auf den fersen zu haben is falsch. Deckung ist richtig, das hab ich doch begriffen, ne olle fassade mit 'm richtigen anstrich, und das meiste geht an dir vorbei. Wenn du in der hölle auffällst, machen sie dich zur schnepfe, und dein himmel is futsch. Bruder, musst außen feste hülle haben wie stahl und innen deinen eigenen kram, dann bricht der dieb nich ein und nimmt nix weg von wert.

In der schule lehrt der oberdeutsche was, dass ich null vorankomm, wenn ich's wissen nich hab. Ich hab mein wissen. Ich geh in der gegend auf und ab, und die hänger nicken mit'm Kopf und wollen nich wissen, wie und wo's langgeht, das ist mein stil. Ich hab'n scharfes ende, das brauchbar is, da hält man abstand, weil man weiß, da fängt meine hölle für die anderen an, da latscht man nich rein und macht sachte die tür zu. Die alten sagen: Für jedes schloss ein schlüssel. Für meine tür hab ich'n schlüssel, der passt, und mein wert is zum teil der schlüssel, zum teil, was da hinter der tür so übles wartet. Der deutsche kapiert das nicht, meine sorge soll das auch nich sein, dass sie das in'n kopf kriegen, ihnen gehört das land hier, sie haben ihre ollen nester, und das geld is ihr wärmespender, ich aber bin nich mehr da, wo ich herkomme, und nich, wo ich hier rumlungere, hört sich an wie'n verdammter dichter, bruder, aber es is auf gott den herrn gschworen, was abläuft in der gegend und woanders. Diese scheiße mit den zwei kulturen steht mir bis hier, was soll das, was bringt mir'n kluger schnack mit zwei fellen, auf denen mein arsch kein platz hat, 'n fell streck ich mir über'n leib, damit mir nich bange wird, aber unter'n arsch brauch ich verdammich bloß festen boden, wo ich kauer und ende. Die wollen mir weismachen, dass ich wie ne vertrackte rumheul an muttern ihr zipfel und, auch wenn's hell ist, bibber vor angst, weil mich das mit innen und außen plagt. Die deutschen müssen was zu hassen kriegen, damit sie wie'n köter an'm knochen knaupeln daran, und wenn sie nix zu beißen haben, kriegen die ne wut und zünden an. Du hörst das von mir, bruder, vergiss das nich, du hörst die gute alte wahrheit von nem ollen kanaken, den die hänger nich gekriegt haben, ich kenn die masche, ich weiß, was ne münze is und was richtig gut schotter. Bin hier die gegend.

Arbeitsanregungen

1. a) Halten Sie in einem Ideenstern fest, was Sie mit dem Begriff „Kanak Sprak“ verbinden.

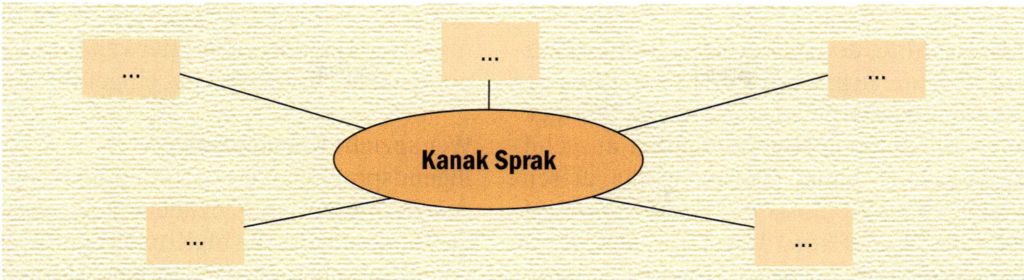

   b) Informieren Sie sich über Zaimoglus Projekt und Buch zur „Kanak Sprak“. Klären Sie dabei insbesondere auch dessen politische und soziale Absichten.
2. Untersuchen Sie, wie Hasan seine Situation in Deutschland darstellt.
   a) Beschreiben Sie Hasans Leben in „der gegend“.
   b) Stellen Sie dar, wie der Ich-Erzähler „die deutschen“ und deren Haltung ihm gegenüber charakterisiert.
   c) „Diese scheiße mit den zwei kulturen steht mir bis hier, was soll das […].“ (Z. 103 f.) Erläutern Sie, was Hasan damit meint.
3. Untersuchen Sie Hasans Sprachgebrauch unter folgenden Aspekten:
   - Umgangssprache,
   - vereinfachte Grammatik,
   - türkische und englische Wendungen.

   Notieren Sie Beispiele für den jeweiligen Sprachgebrauch und erläutern Sie deren Wirkung. Vergleichen Sie Ihre Arbeitsergebnisse mit Ihren Assoziationen in dem Ideenstern aus Aufgabe 1.
4. a) Interpretieren Sie das folgende Schaubild (▸ Methodenbaustein, S. 43).
   b) Diskutieren Sie mit den anderen Teilnehmern Ihres Kurses, wie Hasan sich wohl jeweils einordnen würde.

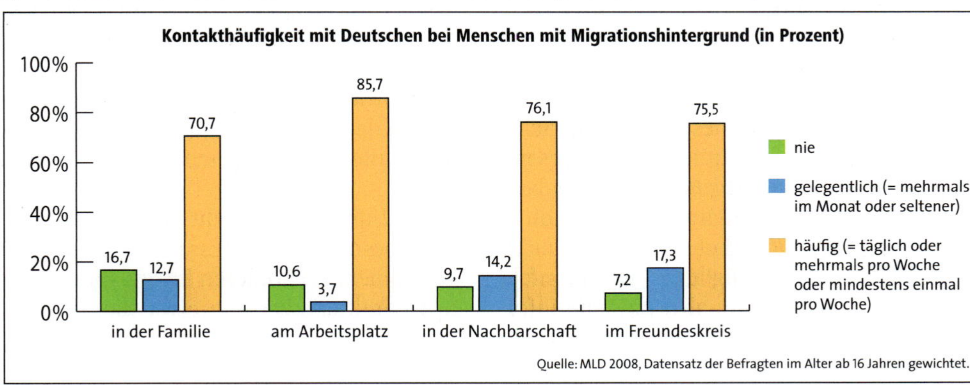

5. a) Interpretieren Sie die rechts stehende Grafik (▸ Methodenbaustein, S. 43).
   b) Diskutieren Sie im Plenum, zu welcher der drei Bevölkerungsgruppen Hasan sich wohl zählen würde.
   c) Stellen Sie Vermutungen darüber an, welchen Einfluss es auf das Leben in Deutschland hat, ob man sich stärker mit seinem Herkunftsland oder mit Deutschland verbunden fühlt.

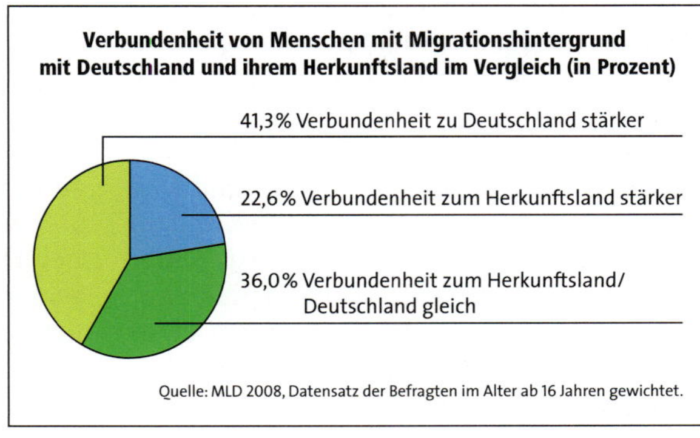

Heike Wiese

Kiezdeutsch – ein neuer Dialekt (2010)

Etwa seit Mitte der 1990er-Jahre ist mit „Kiezdeutsch“ eine Jugendsprache in den Blick der Öffentlichkeit getreten, die sich in Wohngebieten mit hohem Migrantenanteil ausgebildet hat. Hier einige Beispiele aus diesem Sprachgebrauch: *„Lassma Viktoriapark gehen, Lan.“ / „Ich höre Alpa Gun, weil der so aus Schöneberg kommt.“ / „Ich hab meiner Mutter so Zunge rausgestreckt, so aus Spaß. Wallah.“* Wie diese Sätze illustrieren, weicht Kiezdeutsch in verschiedenen Bereichen vom Standarddeutschen ab. Entgegen einer verbreiteten öffentlichen Wahrnehmung ist es jedoch kein gebrochenes Deutsch, sondern begründet einen neuen, urbanen Dialekt des Deutschen, der – ebenso wie andere deutsche Dialekte auch – systematische sprachliche Besonderheiten in Bereichen wie Aussprache, Wortwahl und Grammatik aufweist.

Begriff „Kiezdeutsch“

In der öffentlichen Diskussion werden zum Teil auch andere Bezeichnungen verwendet, etwa „Kanak Sprak“, ein Begriff der besonders in den Comedybereich Eingang gefunden hat. „Kiezdeutsch“, die Bezeichnung, die hier benutzt wird, ist aus mehreren Gründen besonders passend für diese Jugendsprache. Zum einen macht sie deutlich, dass wir es mit einer Varietät des *Deutschen* zu tun haben. Zum anderen weist sie darauf hin, dass diese Jugendsprache im *Kiez* beheimatet ist, der im Berlinerischen ein alltägliches Wohnumfeld identifiziert, dass es sich also um eine informelle, alltagssprachliche Form des Deutschen handelt. Schließlich beinhaltet der Begriff keine ethnische Eingrenzung und kann so erfassen, dass Kiezdeutsch nicht nur von Sprecherinnen und Sprechern einer bestimmten Herkunft gesprochen wird.
Demgegenüber fasst eine Bezeichnung wie „Kanak Sprak“ zunächst nur Jugendliche nicht-deutscher Herkunft in den Blick und tut dies auf eine stark herabsetzende Weise. Der Gebrauch des Ausdrucks „Kanak Sprak“ war zwar ursprünglich als Rückeroberung eines negativ besetzten Begriffs im Rahmen politischer Migrantenbewegungen motiviert. Wie sprachideologische Untersuchungen betonen, sind die herabsetzenden Assoziationen zu „Kanak“ aber erhalten geblieben. Ich verwende daher ausschließlich den Begriff „Kiezdeutsch“, der solche negativen Vorabbewertungen vermeidet und mittlerweile auch in der politischen Diskussion gut eingeführt ist.

Wer spricht Kiezdeutsch?

Jugendsprachen hat es schon immer gegeben; das Besondere an Kiezdeutsch ist, dass sich diese Jugendsprache im Kontakt unterschiedlicher Sprachen entwickelt hat. Ähnliche Jugendsprachen gibt es auch in anderen europäischen Ländern, zum Beispiel in den Niederlanden, in Dänemark und in Schweden. […]
All diesen Jugendsprachen ist gemeinsam, dass sie nicht auf Jugendliche mit Migrationshintergrund beschränkt und auch nicht für Sprecher einer bestimmten Herkunftssprache typisch sind (etwa Türkisch), sondern sich im gemeinsamen Alltag junger Menschen unterschiedlicher Herkunft entwickelt haben. […]
Kiezdeutsch ist somit nicht etwa ein Zeichen fehlender Integration „ausländischer“ Jugendlicher, sondern hat sich gerade in gemischten Gruppen Jugendlicher deutscher und nicht-deutscher Herkunft entwickelt. Kiezdeutsch ist damit ein Zeichen für eine besonders gelungene sprachliche Integration: ein Beitrag aus multiethnischen Wohngebieten, an dem Jugendliche mit und ohne Migrationshintergrund gleichermaßen beteiligt sind.
Diese Integration macht Kiezdeutsch zu einem besonders interessanten sprachlichen Phänomen. Mit anderen Jugendsprachen teilt es Charakteristika wie etwa die bevorzugte Verwendung innerhalb einer Gruppe Gleichaltriger, die Abgrenzung gegenüber Erwachsenen oder auf sprachlicher Ebene zum Beispiel den Einfluss des US-Amerikanischen. Im Vergleich zu anderen Jugendsprachen finden wir in Kiezdeutsch aber eine besondere grammatische Dynamik, die durch die vielsprachigen Kompetenzen seiner Sprecher gestützt wird.
[…] So mag jemand, der Kiezdeutsch mit seinen Freunden spricht, vielleicht kurdisch mit seiner Großmutter sprechen, arabisch mit dem Großvater und der Mutter und deutsch mit dem Vater. […] Diese vielsprachigen Kompetenzen erzeugen ein Umfeld, das sprachliche Innovationen besonders begünstigt. […]

Was ist typisch für Kiezdeutsch?

Wie die Beispiele vom Anfang zeigen, finden sich in Kiezdeutsch unter anderem Neuerungen in zwei Bereichen: Erstens werden neue Wörter verwendet, die etwa aus dem Türkischen oder Arabischen stammen, wie „Lan" (wörtlich „Mann/Typ") oder „wallah" (wörtlich „und Allah"). Diese Ausdrücke machen Kiezdeutsch nicht zu einer türkisch-deutschen oder deutsch-arabischen Mischsprache, wie manchmal angenommen wird, sondern werden als neue Fremdwörter integriert: Sie werden nach den Regeln der deutschen Grammatik verwendet („Lan" zum Beispiel so ähnlich wie „Alter" in der Jugendsprache, „wallah" so ähnlich wie „echt"), und ihre Aussprache wird eingedeutscht. Als Fremdwörter werden sie von Sprechern unterschiedlicher Herkunft gleichermaßen benutzt, auch von solchen, die neben Deutsch keine weitere Familiensprache haben und zum Beispiel kein Arabisch oder Türkisch beherrschen: Genauso, wie zum Beispiel keine Englischkenntnisse dafür nötig sind, das Wort „Computer" im Deutschen zu gebrauchen, kann man „Lan" auch verwenden, ohne fließend Türkisch zu sprechen.

Ein zweiter Bereich sprachlicher Neuerungen zeigt sich auf grammatischer Ebene, im Entstehen neuer Konstruktionen. Wie bei anderen Dialekten auch folgen diese Konstruktionen bestimmten Regeln und sind nicht darauf zurückzuführen, dass Sprecher nicht „richtig Deutsch" sprechen könnten. Einige der grammatischen Neuerungen könnten auf den ersten Blick wie bloße Vereinfachungen wirken, etwa in den Beispielen *„Das ist mein Schule"* und *„Hast du Handy?"* Im ersten Satz hätte das Possessivpronomen „mein" im Standarddeutschen eine Flexionsendung („mein*e* Schule"), im zweiten Satz stünde im Standarddeutschen ein Artikel („*ein* Handy"). Diese Unterschiede könnten zwar nahelegen, dass Kiezdeutsch so etwas wie eine grammatisch reduzierte Form des Standarddeutschen ist. Eine nähere Betrachtung zeigt aber, dass dies nicht der Fall ist.

Grundsätzlich können wir in der Entwicklung des Deutschen (und nicht nur dort) die Tendenz beobachten, dass Flexionsendungen und funktionale Elemente wie der Artikel „ein" verkürzt werden oder entfallen. So heißt es im heutigen Deutsch nicht mehr „dem Manne", sondern „dem Mann", ohne nominale Kasusendung; im gesprochenen Deutsch entfallen Personalendungen von Verben häufig in der ersten Person Singular, etwa „ich sag" statt „ich sage", und der indefinite Artikel „ein" wird oft stark reduziert und an das vorhergehende Wort gehängt: „Hast du'n Handy?"

Diese Tendenz des Deutschen spiegelt sich auch in Kiezdeutsch wider: Die Verkürzungen, die wir dort finden, sind im System des Deutschen bereits angelegt; sie bringen kein fremdes Element der grammatischen Reduktion von außen hinein, sondern führen eine bereits vorhandene sprachliche Entwicklung des Deutschen weiter. Eine solche Weiterführung ist charakteristisch für Dialekte, die oft dynamischer und innovativer sind als die Standardsprache, da sie keiner so starken schriftsprachlichen Normierung unterworfen sind. […]

Fazit und Ausblick

Zusammenfassend lässt sich festhalten: Kiezdeutsch ist kein „falsches" oder „schlechtes" Deutsch. Kiezdeutsch ist eine sprachliche Varietät, die in sich stimmig ist. Wie jeder Dialekt ist es durch Abweichungen vom Standarddeutschen gekennzeichnet, diese sind aber systematisch und nicht bloße Fehler.

Arbeitsanregungen

1. Erklären Sie, warum Wiese den Begriff „Kiezdeutsch" dem Begriff „Kanak Sprak" vorzieht.
2. Arbeiten Sie aus dem Text die Argumente heraus, die dafür sprechen, dass Kiezdeutsch kein falsches Deutsch, sondern ein Dialekt des Deutschen ist.
3. a) „Kiezdeutsch ist damit ein Zeichen für eine besonders gelungene sprachliche Integration." (Z. 76 f.) Erklären Sie, inwiefern man hier von Integration sprechen kann.
   b) In der Öffentlichkeit wird Kiezdeutsch häufig eher als ein Indiz für misslungene Integration gedeutet. Nennen Sie mögliche Argumente und setzen Sie sich mit ihnen auseinander.
4. Spricht Hasan (▸ S. 85 f.) Kiezdeutsch? Wenden Sie Wieses Kriterien auf seinen Sprachgebrauch an.

C Neue Formen des Erzählens – Postmoderne und Popliteratur

Der Begriff Postmoderne (von lat. *post* „hinter“, „nach“) dient zur Bezeichnung des Zustands der abendländischen Gesellschaft, Kultur und Kunst „nach“ der Moderne. Eine genaue Datierung der Postmoderne ist schwierig; im Allgemeinen siedelt man ihren Beginn aber in den 1960er-Jahren an. Kennzeichen der Kunst nach der Moderne sind bei aller Unterschiedlichkeit: Ernstes und Triviales („E“ und „U“) werden nicht mehr klar geschieden; Vorbilder und Traditionen werden zitiert und collagiert; an die Stelle des doktrinären Verbindlichkeitsanspruchs eines Stils tritt die freie Kombinierbarkeit verschiedener Stile und Verfahrensweisen; an die Stelle inhaltlich und formal geschlossener Kunstwerke treten Gebilde, die sich dem Betrachter für eine Vielfalt subjektiver Lektüren öffnen.
In der Architektur wird das Postmoderne sichtbar:

„Tanzendes Haus“ (erbaut 1996, Architekt: Frank Gehry) – Spitzname eines Bürogebäudes in Prag

Haas-Haus (erbaut 1990, Architekt: Hans Hollein), gegenüber dem Stephansdom in Wien gelegen

Arbeitsanregungen

1. Betrachten Sie die Gebäude auf den Fotos und notieren Sie die Assoziationen, die diese in Ihnen jeweils wachrufen.
2. Beschreiben Sie die Gestaltung der beiden Gebäude: Formen, Bauelemente, Materialien, Farben ...
3. Erläutern Sie, warum beide Gebäude als typische Beispiele postmoderner Architektur gelten. Berücksichtigen Sie bei Ihren Überlegungen auch folgende Zusatzinformationen:
   - Das „Tanzende Haus“ wird von der Prager Bevölkerung auch „Ginger und Fred“ genannt. Tatsächlich hat der kanadische Architekt Frank Gehry bei seinem Entwurf des Doppelhauses an das berühmte amerikanische Tanzpaar Ginger Rogers und Fred Astaire gedacht, das durch seine Musikfilme der 1930er- und 1940er-Jahre große Popularität erlangte.
   - In der Glasfassade des Haas-Hauses spiegelt sich der Stephansdom, die mittelalterliche Kathedrale der österreichischen Hauptstadt.

1 „Agnes ist tot. Eine Geschichte hat sie getötet." – Postmodernes Erzählen

Information **Postmoderne Literatur**

Schon 1969 charakterisierte der amerikanische Literaturkritiker **Leslie A. Fiedler** mit seiner Forderung **„cross the border – close the gap"** die postmoderne Literatur. Die Debatte um die Postmoderne hat den literaturwissenschaftlichen Diskurs bis in die 1990er-Jahre geprägt. Werke, die man dem postmodernen Erzählen zurechnet, sind u. a. Thomas Pynchons „Die Enden der Parabel" (1973), Umberto Ecos „Der Name der Rose" (1980) und Patrick Süskinds „Das Parfum" (1985).

Als typische **Kennzeichen postmoderner Literatur** gelten:

- die Vermischung von Elementen der Trivialliteratur und der so genannten ernsten Literatur,
- das Collagieren verschiedener Erzähltechniken und Schreibstile,
- das Zitieren berühmter literarischer Werke,
- das Spiel mit historischen Versatzstücken derart, dass irreale, vieldeutige Konstellationen entstehen.

Welche Erzähltexte tatsächlich der Postmoderne zuzurechnen sind, ist oft umstritten, da die genannten Merkmale nicht sehr trennscharf sind.

Wiederkehrende **Themen postmoderner Literatur** sind:

- die Frage nach der Identität des Subjekts und des Autors,
- die Reflexion des Erzählprozesses und – damit verbunden – die Frage nach der problematischen Unterscheidbarkeit von Realität und Fiktion.

Wegen ihrer Eigenheit, den eigenen Kunstcharakter und ihre Fiktionalität selbst zum Thema zu machen, werden postmoderne Erzähltexte auch als **metafiktional** bezeichnet.

Agnes

Der Roman „Agnes" (1998) des Schweizer Autors Peter Stamm (*1963) gilt als ein typisches Beispiel postmodernen Erzählens. In 36 kurzen Kapiteln entfaltet der Roman ein komplexes Wechselspiel zwischen seinen verschiedenen Realitätsebenen; die Grenzen zwischen Erfundenem und Wirklichem, Traum und Realität geraten dabei zunehmend ins Schwanken.

Peter Stamm

Agnes (1998) – Romanbeginn

Agnes ist tot. Eine Geschichte hat sie getötet. Nichts ist mir von ihr geblieben als diese Geschichte. Sie beginnt an jenem Tag vor neun Monaten, als wir uns in der Chicago Public Library zum ersten Mal trafen. Es war kalt, als wir uns kennen lernten. Kalt wie fast immer in dieser Stadt. Aber jetzt ist es kälter, und es schneit. Über den Michigansee kommt der Schnee und kommt der böige Wind, der selbst durch das Isolierglas der großen Fenster noch zu hören ist. Es schneit, aber der Schnee setzt sich nicht, er wird weitergetrieben und bleibt nur liegen, wo der Wind nicht hingelangt. Ich habe das Licht gelöscht und schaue hinaus auf die beleuchteten Spitzen der Wolkenkratzer, auf die amerikanische Flagge, die der Wind irgendwo im Licht eines Scheinwerfers hin und her schlägt, und weit hinunter auf die leeren Plätze, wo selbst jetzt, mitten in der Nacht, die Ampeln von Grün zu Rot und von Rot zu Grün wechseln, als sei nichts geschehen, als geschehe nichts.

Hier habe ich mit Agnes gewohnt, in dieser

Wohnung, für kurze Zeit. Wir waren hier zu Hause, aber jetzt, wo Agnes gegangen ist, ist mir die Wohnung fremd und unerträglich geworden. Nur ein Zentimeter Glas trennt mich von Agnes, nur ein Schritt. Aber die Fenster lassen sich nicht öffnen.

Ich schaue mir – ich weiß nicht zum wie vielten Mal – das Video an, das Agnes aufgenommen hat, als wir am Columbus Day eine Wanderung machten. *Columbus Day in Hoosier National Forest* hat sie auf die Schachtel und auf die Kassette geschrieben, in ihrer sorgfältigen Schrift, und hat beides mit einem Lineal doppelt unterstrichen, wie wir als Kinder die Resultate unserer Rechnungen unterstrichen haben. Ich habe den Ton des Fernsehers ausgeschaltet. Die Bilder scheinen mir wirklicher als die dunkle Wohnung, die mich umgibt. Es ist ein seltsames Licht in ihnen, das Licht einer weiten Ebene an einem Nachmittag im Oktober.

Eine leere Ebene, weit und breit keine Stadt, kein Dorf, nicht einmal eine Farm. Kurz geschnittene Sequenzen, ohne dass das Bild sich wesentlich verändert. Immer neue Ansätze, Versuche, die Landschaft zu erfassen. Manchmal erahne ich, weshalb Agnes die Kamera eingeschaltet hat: eine seltsam geformte Wolke, eine Reklametafel, in der Ferne ein Streifen Wald, fast unsichtbar durch das Weitwinkelobjektiv. Einmal ein Schwenk zu mir, wie ich am Steuer sitze. Ich mache eine Grimasse. Und dann wohl der Versuch, sich selbst zu zeigen: der Rückspiegel, darin groß die Kamera und dahinter, kaum zu sehen, Agnes selbst. Dann noch einmal ganz kurz Agnes, am Steuer diesmal, wie sie eine abwehrende Handbewegung macht.

Der Parkaufseher. Auch er macht abwehrende Handbewegungen, aber im Gegensatz zu Agnes lacht er dabei. Ein Zoom auf seine Hände, die über ein Kartenblatt fahren, einen Weg zeigen, der im Bild nicht zu erkennen ist. Der Aufseher lässt sich auf seinen Stuhl fallen, öffnet eine Schublade, zieht einige Broschüren heraus. Er lacht und hält eine davon in die Kamera: *How to survive Hoosier National Forest.* Das Bild wackelt, dann greift von unten eine Hand nach dem Faltblatt. Der Parkaufseher spricht unentwegt, sein Gesicht wird ernst. Die Kamera wendet sich von ihm ab, streift mich kurz. Plötzlich Wald, ein lockerer Baumbestand. Ich liege auf dem Boden, scheine zu schlafen oder habe zumindest die Augen geschlossen. Die Kamera nähert sich mir von oben, kommt immer näher, bis das Bild unscharf wird, weicht zurück. Dann wandert sie über meinen Körper bis zu den Füßen und wieder zum Kopf. Lange bleibt sie auf dem Gesicht stehen, versucht, noch einmal näher zu kommen, aber das Bild wird wieder unscharf, und sie weicht von Neuem zurück.

„Keine Videos?“, hat der Verkäufer mit dem nach hinten gekämmten, pomadisierten Haar gefragt, als ich mir vor Stunden unten im Laden Bier holte. Er erkundigte sich nach Agnes. Sie sei weggegangen, sagte ich, und er lächelte anzüglich. „Sie gehen alle einmal“, sagte er, „mach dir nichts draus, die Welt ist voll schöner Frauen.“

Agnes mochte den Verkäufer nicht, sie wusste nicht weshalb. Er mache ihr angst, sagte sie nur und lachte mit, wenn ich sie auslachte. Er machte ihr angst wie die Fenster, die man nicht öffnen kann, wie das nächtliche Summen der Klimaanlage, wie die Fensterputzer, die eines Nachmittags in einer Gondel vor unserem Schlafzimmerfenster schwebten. Sie mochte die Wohnung nicht, nicht das Haus, überhaupt die ganze Innenstadt nicht. Am Anfang lachten wir darüber, dann sprach sie nicht mehr davon. Aber ich merkte, dass die Angst noch immer da war, dass sie gewachsen und nun so groß war, dass Agnes nicht mehr darüber sprechen konnte. Sie klammerte sich stattdessen immer enger an mich, je mehr sie sich fürchtete. Ausgerechnet an mich.

Arbeitsanregungen

1. a) Lesen Sie nur die ersten beiden Absätze des Romanauszugs und notieren Sie Ihre ersten Eindrücke.
   b) Welchen Romantyp (z.B. Kriminalroman, Liebesroman, Thriller, Entwicklungsroman ...) erwarten Sie? Begründen Sie Ihre Entscheidung mit konkreten Textstellen.
2. a) Lesen Sie das ganze erste Romankapitel und erläutern Sie die Situation des Ich-Erzählers.
   b) Analysieren Sie, welchen Beitrag die Raumgestaltung zur Charakterisierung des Ich-Erzählers und seiner Situation leistet (▶ Methodenbaustein, S. 15).
3. „Die Bilder scheinen mir wirklicher als die dunkle Wohnung, die mich umgibt." (Z. 49 ff.) Erklären Sie die Bedeutung der Kamera und der Filmsequenzen für den Ich-Erzähler. Was sagen sie über sein Wirklichkeitsverhältnis aus?
4. a) Stellen Sie Vermutungen an, wovor Agnes Angst hat.
   b) „Sie klammerte sich stattdessen immer enger an mich, je mehr sie sich fürchtete. Ausgerechnet an mich." (Z. 127 ff.) Erläutern Sie dieses Zitat vor dem Hintergrund des gesamten Textauszugs. Welche Erwartungen an den Fortgang der Handlung werden bei Ihnen geweckt?

Peter Stamm

Agnes (1998) – Zweiter Auszug

[Der Ich-Erzähler, ein Sachbuchautor, der zurzeit an einem Buch über amerikanische Luxuseisenbahnen arbeitet, beschreibt nach dem Eröffnungskapitel des Romans genauer, wie er Agnes, eine junge Physikstudentin, kennen lernt. Zwischen beiden entwickelt sich rasch eine Liebesbeziehung. Auf Agnes' Bitte hin versucht der Ich-Erzähler, ihrer beider Liebesgeschichte aufzuschreiben.]

Agnes ging in die Küche. Als sie zurückkam, las ich ihr vor, was ich geschrieben hatte.

Ich sah Agnes zum ersten Mal in der Chicago Public Library, im April dieses Jahres. Sie fiel mir gleich auf, als sie sich im Lesesaal mir gegenübersetzte. Ihre linkischen Bewegungen passten nicht recht zum schlanken, fast zerbrechlichen Körper. Ich Gesicht war schmal und bleich, ihr Haar fiel dunkel auf ihre Schultern. Unsere Blicke trafen sich für einen Moment, und ich sah ihre erstaunten, blauen Augen. Als sie den Lesesaal verließ, folgte ich ihr. Auf der Treppe vor der Bibliothek trafen wir uns wieder, und ich lud sie ein zu einer Tasse Kaffee.
Unser Gespräch entwickelte sich seltsam rasch. Wir sprachen über Liebe und Tod, noch bevor wir unsere Namen kannten. Sie hatte strenge Ansichten. Mein Zynismus reizte sie, und wenn sie aufgeregt war, wurde sie rot und wirkte noch verletzlicher als sonst.

Agnes ärgerte sich. „Das brauchst du wirklich nicht so zu schreiben."
„Soll ich oder soll ich nicht? Es war deine Idee."
„Ich wurde als Kind immer rot. Und in der Schule haben sie mich ausgelacht und gehänselt deswegen. Mein Vater ertrug es nicht, dass ich ausgelacht wurde."
„Und du?"
„Man gewöhnt sich daran. Ich habe viel gelesen. Und ich war gut in der Schule."
„Soll ich es streichen?"
„Ja, bitte. Ist es unbedingt nötig, dass du von meiner Kindheit schreibst? Es ist doch nur eine Geschichte. Kann ich nicht einfach in der Bibliothek auftauchen, wie ich bin? So wie ich jetzt bin?"
„Gut", sagte ich, „du wirst aus meinem Kopf neu geboren wie Athene aus dem Kopf von Zeus, weise, schön und unnahbar."
„Ich will nicht unnahbar sein", sagte Agnes und küsste mich auf den Mund. [...]
In den folgenden Wochen vernachlässigte ich die Luxuseisenbahnwagen. Ich schrieb nun an Agnes' Geschichte, schrieb, wie alles gewesen war, und wenn wir uns trafen, las ich ihr die neuen Kapitel vor.
Ich war erstaunt, wie vieles Agnes und ich anders erlebt oder anders in Erinnerung hatten. Oft konnten wir uns nicht darauf einigen, wie etwas genau gewesen war, und auch wenn ich mich mit meiner Version meistens durchsetzte, war ich mir nicht immer sicher, ob Agnes nicht vielleicht doch recht hatte.
So konnten wir uns zum Beispiel lange nicht einigen, in welchem Restaurant wir zum ers-

ten Mal zusammen gegessen hatten. Agnes behauptete, es sei im indischen, ich, es sei im chinesischen Restaurant gleich gegenüber gewesen. Ich glaubte sogar, mich daran zu erinnern, was ich gegessen hatte. Aber schließlich fiel Agnes ein, dass sie die Verabredung in ihren Taschenkalender notiert hatte, und der Eintrag bewies, dass ich im Unrecht war.
Manches, was ich ausführlich beschrieb, empfand sie als belanglos. Anderes, was ihr wichtig war, kam in der Geschichte gar nicht vor oder nur kurz, wie die tote Frau, die wir an jenem Abend vor dem Restaurant gefunden hatten. Ich erwähnte den Vorfall, schrieb aber nichts weiter darüber, nicht, dass wir später deren Geschichte erfahren hatten und sogar an ihrer Beerdigung gewesen waren. Agnes hatte großen Anteil an ihr genommen und den Angehörigen der Toten mehrmals geschrieben.
Herbert erwähnte ich nicht in der Geschichte, und Agnes meinte, ich sei eifersüchtig, und schien sich darüber zu freuen. Die wenigen Male, die wir auf ihn zu sprechen kamen, wich sie meinen Fragen aus oder gab nur vage Antworten. Über ihre Kindheit sprach sie ungern, erzählte nur manchmal – wenn sie guter Laune war – die eine oder andere Episode und hörte jedes Mal so unerwartet wieder auf, wie sie begonnen hatte. Mein Text war schon viel zu lang geworden, als ich spät im August endlich die Gegenwart erreichte.

Arbeitsanregungen

1. Agnes bittet den Ich-Erzähler, ihrer beider Liebesgeschichte aufzuschreiben. Erläutern Sie die Konflikte, die sich hieraus in der Beziehung zwischen Agnes und dem Ich-Erzähler ergeben.
2. Interpretieren Sie die Z. 40–44 des Romanauszugs in folgenden Schritten:
   a) Informieren Sie sich über den antiken Mythos von der Geburt Athenes aus dem Kopf des Zeus.
   b) Deuten Sie die Textstelle vor dem Hintergrund des in ihr zitierten Mythos. Welches poetische Programm formuliert der Ich-Erzähler hier? Warum weist Agnes dieses Programm zurück? Was befürchtet sie?
   c) Entwerfen Sie vor dem Hintergrund der Z. 40–44 eine mögliche Deutung der ersten zwei Sätze des Romans: „Agnes ist tot. Eine Geschichte hat sie getötet." (▸ S. 91, Z. 1)
3. Postmoderne Erzähltexte weisen häufig einen metafiktionalen Zug auf.
   a) Erläutern Sie den Begriff der Metafiktion in eigenen Worten (▸ Information, S. 91).
   b) Arbeiten Sie heraus, worin die Metafiktion in obigem Romanauszug besteht. Wie ist sie gestaltet? Welche grundsätzlichen Fragen bezüglich des Verhältnisses von Fiktion und Wirklichkeit werden aufgeworfen?
   c) Der Roman reflektiert selbst den Prozess des Erzählens und Lesens. Erläutern Sie, wie diese Reflexion auf das Leseverhalten des realen Lesers des Romans zurückwirkt.

Georges Seurat: Ein Sonntagnachmittag auf der Insel La Grande Jatte (1884–1886)

Ein wesentliches Kennzeichen postmoderner Literatur ist das Spiel mit Zitaten und historischen Versatzstücken. Im Folgenden werden dafür zwei Beispiele gegeben: Das eine stammt aus dem Roman „Agnes“ von Peter Stamm, das andere aus dem Roman „Die Vermessung der Welt“ (2005) von Daniel Kehlmann (*1975).

Peter Stamm

Agnes (1998) – Dritter Auszug

„Es muss etwas passieren, damit die Geschichte interessanter wird“, sagte ich endlich zu Agnes.

„Bist du nicht glücklich, so wie wir es haben?“

„Doch“, sagte ich, „aber Glück macht keine guten Geschichten. Glück lässt sich nicht beschreiben. Es ist wie Nebel, wie Rauch, durchsichtig und flüchtig. Hast du jemals einen Maler gesehen, der Rauch malen konnte?“

Wir gingen ins Art Institute of Chicago und suchten, ob wir ein Nebel- oder Rauchbild fänden oder ein Bild von glücklichen Menschen. Vor Seurats[1] *Un Dimanche d'été à l'Ile de la Grande Jatte* blieben wir lange stehen. Seurat hatte keine glücklichen Menschen gemalt, aber das Bild strahlte eine Ruhe aus, die dem, was wir suchten, am nächsten kam. Es zeigt ein Flussufer an einem Sonntagnachmittag. Spaziergänger sind da, und hier und da auf der Wiese, zwischen den Bäumen, ruhen sich Menschen aus.

Als wir näher traten, zerfiel das Bild vor unseren Augen in ein Meer von kleinen Punkten. Die Konturen verschwammen, die Flächen flossen ineinander. Die Farben auf dem Bild waren nicht gemischt, sondern zusammengesetzt wie auf einem Gobelin[2]. Es gab kein reines Weiß und Schwarz. Jede Fläche enthielt alle Farben und wirkte erst aus der Distanz als Ganzes. „Das bist du“, sagte ich und zeigte auf ein junges Mädchen, das im Mittelgrund des Bildes auf der Wiese saß und einen Blumenstrauß in der Hand hielt. Es saß aufrecht, aber es hielt den Kopf gesenkt, um die Blumen zu betrachten. Neben ihm lagen ein Hut und ein Sonnenschirm, die es nicht brauchte, da es im Schatten war.

„Nein“, sagte Agnes, „ich bin das Mädchen im weißen Kleid. Und du bist der Affe.“

„Ich bin der Mann mit der Trompete“, sagte ich, „aber niemand hört mir zu.“

„Alle hören dich“, sagte Agnes. „Man kann die Ohren nicht schließen.“

Wir gingen in das Lokal, das nach eigenen Angaben den besten Cheesecake Chicagos serviert, aber Agnes war nicht zufrieden mit dem Kuchen und sagte, sie werde mir einen besseren backen, mit Rosinen.

„Glück malt man mit Punkten, Unglück mit Strichen“, sagte sie. „Du musst, wenn du unser Glück beschreiben willst, ganz viele kleine Punkte machen wie Seurat. Und dass es Glück war, wird man erst aus der Distanz sehen.“

1 **Georges Seurat (1859–1891):** französischer Maler, wichtigster Vertreter des Pointillismus

2 **Gobelin:** gewirkter Wandbildteppich

Arbeitsanregungen

1. Georges Seurats Gemälde „Ein Sonntagnachmittag auf der Insel La Grande Jatte“ (► S. 94) gilt als richtungsweisendes Werk des so genannten „Pointillismus“.
   a) Geben Sie Ihren ersten Eindruck von dem Gemälde wieder. Beschreiben Sie anschließend das Bild möglichst genau unter folgenden Aspekten: Motivwahl, zentrale Figuren und deren Kleidung, Bildaufbau, Lichtregie, farbliche Gestaltung, Gesamtwirkung auf den Betrachter.
   b) Informieren Sie sich über die Kunstrichtung des „Pointillismus“ (z. B. im Internet oder in Lexika).
2. Untersuchen Sie die Bedeutung des Gemäldes für den Roman.
   a) Identifizieren Sie die im Text erwähnten Figuren auf dem Bild von Seurat.
   b) Erläutern Sie anhand der Zuordnungen, die der Ich-Erzähler und Agnes vornehmen, wie sie sich selbst und den anderen jeweils sehen.
   c) „Du musst, wenn du unser Glück beschreiben willst, ganz viele kleine Punkte machen wie Seurat. Und dass es Glück war, wird man erst aus der Distanz sehen.“ (Z. 50 ff.) Interpretieren Sie dieses Zitat vor dem Hintergrund des Romanauszugs.

Daniel Kehlmann

Die Vermessung der Welt (2005)

Kehlmanns Roman schildert ironisch die Lebensläufe von zwei herausragenden Wissenschaftlern des 19. Jahrhunderts, von dem Mathematiker Carl Friedrich Gauß (1777–1855) und dem Naturforscher Alexander von Humboldt (1769–1859). Beide werden als welt- und lebensferne, einseitig an naturwissenschaftlich-mathematischen Bereichen interessierte Forscher vorgestellt. Humboldt reist mit seinem Gefährten Aimé Bonpland durch Südamerika, wo sie geografische und naturkundliche Studien betreiben. Während dieser Reise kommt es zu folgendem kurzen Dialog zwischen Humboldt und Mitgliedern des Expeditionsteams.

Mario bat Humboldt, auch einmal etwas zu erzählen.

Geschichten wisse er keine, sagte Humboldt und schob seinen Hut zurecht, den der Affe umgedreht hatte. Auch möge er das Erzählen nicht. Aber er könne das schönste deutsche Gedicht vortragen, frei ins Spanische übersetzt. Oberhalb aller Bergspitzen sei es still, in den Bäumen kein Wind zu fühlen, auch die Vögel seien ruhig, und bald werde man tot sein.

Alle sahen ihn an.

Fertig, sagte Humboldt.

Ja wie, fragte Bonpland.

Humboldt griff nach dem Sextanten.

Entschuldigung, sagte Julio. Das könne doch nicht alles gewesen sein.

Joseph Stieler: Alexander von Humboldt (1843)

Johann Wolfgang von Goethe

Ein Gleiches
(Wandrers Nachtlied II, 1815)

Über allen Gipfeln
Ist Ruh',
In allen Wipfeln
Spürest Du
Kaum einen Hauch;
Die Vögelein schweigen im Walde.
Warte nur, balde
Ruhest Du auch.

Arbeitsanregungen

1. Analysieren Sie Goethes Gedicht. Stellen Sie dabei auch Überlegungen zur Bedeutung des Schlussverses an.
2. Untersuchen Sie die Bezugnahme auf Goethes Gedicht in Kehlmanns Roman.
   a) Vergleichen Sie das Gedicht und Humboldts freie Übersetzung desselben hinsichtlich des Inhalts sowie der sprachlichen und lautlichen Gestaltung. Welche Veränderungen stellen Sie fest? Wie ist die Enttäuschung von Humboldts Zuhörern zu erklären?
   b) Erläutern Sie, was die Übersetzung über Humboldts Charakter und Lebenseinstellung aussagt.
3. Stamm zitiert in seinem Roman ein Gemälde, Kehlmann ein Gedicht. Vergleichen Sie diese beiden Zitate hinsichtlich ihrer Funktion innerhalb des jeweiligen Erzähltextes.
4. Diskutieren Sie mit Ihren Lernpartnern, ob bzw. inwiefern die Kenntnis des Bildes bzw. des Gedichts für das Verständnis der jeweiligen Textpassage notwendig ist. Fragen Sie sich dabei auch, ob die Zitate die Bedeutung der jeweiligen Romanstelle erst hervorbringen oder ob die Bedeutung dieser Stelle durch die zitierten Kunstwerke nur erweitert wird.

Postmoderne Poetik am Beispiel von „Das Parfum"

Albert Meier

Was ist postmoderne Literatur? (2010)

In seinem Vortrag „Was ist postmoderne Literatur?" entwickelt der Literaturwissenschaftler Albert Meier Grundzüge einer postmodernen Poetik am Beispiel von Patrick Süskinds Erfolgsroman „Das Parfum" (1985). Einer seiner Ausgangspunkte ist dabei der Vortrag „Cross the border, close the gap" (1969) des amerikanischen Literaturkritikers Leslie A. Fiedler (1917–2003).

Es geht in Fiedlers Vortrag vor allem um den Gegensatz von ernster und unterhaltsamer Literatur – genauer gesagt: von elitärer Kultur im Gegensatz zur populären Kultur.
Hier können Sie besonders deutlich erkennen, warum man von „Postmoderne" spricht: von einer Literatur oder Kunst „nach" der Moderne. Denken Sie einmal an die große Literatur der „Moderne", d. h. der ersten Hälfte des 20. Jahrhunderts. [...] „Moderne" Werke in deutscher Sprache wären zum Beispiel Thomas Manns *Der Zauberberg*, Franz Kafkas *Das Schloss* oder Robert Musils *Der Mann ohne Eigenschaften*. Immer sind das Romane, die sehr schwer zu lesen sind und die man nur verstehen kann, wenn man über sehr viel Bildung verfügt. Solche Romane sind daher Lektüre bloß für wenige Menschen: für eine kleine Elite von literarisch geschulten Lesern. Fiedlers These ist, dass solche komplizierten Romane, die beim Lesen kaum einem Menschen Spaß machen, um 1968 niemanden mehr interessieren können. Diese ernste, sehr kultivierte und anstrengende Literatur hat seiner Meinung nach mit dem wirklichen Leben nichts mehr zu tun. Sie ist tot. [...]
Er verlangt deshalb nach einer neuen Literatur, die frei, spielerisch und vor allem einfach ist. Sie darf sich durchaus an „schlechter" Kunst orientieren: zum Beispiel an „Western, Science Fiction und Pornografie". Fiedler plädiert, mit einem Wort, für Popliteratur, in der es den Unterschied von „hoch" und „niedrig", „gut" und „schlecht" nicht mehr gibt. Das meint die Formel „cross the border, close the gap": Der Gegensatz von elitärer und trivialer Kunst soll überwunden werden, damit Literatur wirklich populär wird und viele Leser erreicht. Genau das leistet die postmoderne Literatur!
Ich will Ihnen das am Beispiel von Patrick Süskinds *Das Parfum* vor Augen führen. Der Roman hat überall auf der Welt eine Millionenauflage erreicht (auch in Korea, wenn ich richtig informiert bin). Er stammt von einem Verfasser, der nur sehr wenig geschrieben hat. [...] Der Autor spielt aber, wie Roland Barthes[1] behauptet, keine Rolle, und deswegen soll Patrick Süskind sofort vergessen werden. Wichtiger ist sein Text, in dem scheinbar eine ganz einfache Geschichte erzählt wird: das Leben des Jean-Baptiste Grenouille (frz. „Frosch"), der ein genialer Duft-Schöpfer und zugleich ein Massenmörder ist. [...]
Und trotzdem hat es der kleine Roman in sich! Damit meine ich gar nicht die vielen Unwahrscheinlichkeiten oder die fantastischen Elemente: Einen Menschen ganz ohne Körpergeruch kann es nicht geben; viele Menschen verfügen über ein absolutes Gehör, aber ein absoluter Geruchssinn ist physiologisch unmöglich [...]. Das alles wären noch keine Argumente für postmodernes Schreiben, sondern altbekannte Techniken, eine Geschichte interessant zu machen.
Ein wirklich postmoderner Roman muss hingegen „intertextuell" sein. Man muss ein Spiel mit Zitaten beobachten können und es muss das Übermalen geben, von dem ich gesprochen habe. Genau das findet sich in Süskinds *Geschichte eines Mörders* tatsächlich. [...] Das beginnt gleich im ersten Satz:

Im achtzehnten Jahrhundert lebte in Frankreich ein Mann, der zu den genialsten und abscheulichsten Gestalten dieser an genialen und abscheulichen Gestalten nicht armen Epoche gehörte.

Das ist das Übermalen des sehr berühmten Anfangs von Heinrich von Kleists Erzählung *Michael Kohlhaas*: „An den Ufern der Havel lebte, um die Mitte des sechzehnten Jahrhunderts, ein Rosshändler, namens Michael Kohl-

1 **Roland Barthes (1915–1980):** französischer Literaturtheoretiker und Schriftsteller

haas, Sohn eines Schulmeisters, einer der rechtschaffensten zugleich und entsetzlichsten Menschen seiner Zeit."

Damit ist in Süskinds Roman von Anfang an klar, dass es nicht um eine originelle Geschichte geht, sondern um das Spiel mit literarischen Traditionen: um die Variation bekannter Stoffe und Motive. Einen noch deutlicheren Fall von Intertextualität finden Sie an folgender Stelle:

Und als er sah, daß es gut war und daß das ganze Land von seinem göttlichen Grenouille-Samen durchtränkt war, da ließ der Große Grenouille einen Weingeist-Regen herniedergehen, sanft und stetig, und es begann überall zu keimen und zu sprießen, und die Saat trieb aus, daß es das Herz erfreute. Schon wogte es üppig auf den Plantagen, und in den verborgenen Gärten standen die Stengel im Saft. Die Knospen der Blüten platzten schier aus ihrer Hülle.

Da gebot der Große Grenouille Einhalt dem Regen. Und es geschah. Und er schickte die milde Sonne seines Lächelns über das Land, worauf sich mit einem Schlag die millionenfache Pracht der Blüten erschloß, von einem Ende des Reichs bis zum anderen, zu einem einzigen bunten Teppich, geknüpft aus Myriaden von köstlichen Duftbehältern. Und der Große Grenouille sah, daß es gut war, sehr, sehr gut. R

Das sind Fragmente aus der Bibel, speziell aus dem Schöpfungsbericht und aus der Erzählung von der Sintflut. […]

Sie sehen also, dass Patrick Süskind nicht einfach eine spannende Geschichte erzählt, sondern diese Geschichte raffiniert als postmodernen Text gestaltet. Auch das andere Kriterium postmodernen Schreibens, das ich genannt habe, ist hier gegeben: die Popularität. Die vielen Millionen Leser beweisen, dass Süskinds Erzählung für jedermann verständlich und interessant ist. Man braucht kein besonderes Wissen über Literaturtheorie, sondern kann die Geschichte ganz naiv lesen. Wenn man die Zitate erkennt, dann macht das Spaß – wenn man sie aber nicht bemerkt, dann macht das auch nichts.

Jeder Leser kann Süskinds *Parfum* also so lesen, wie es seinem Wissen und seinen Interessen entspricht: als nur unterhaltsame Geschichte oder als komplizierten Text. Das ist […] die Offenheit des postmodernen Romans für unterschiedliche Lektüren. Man kann *Das Parfum* als Kriminalroman lesen, weil Morde erzählt werden und ein Verbrecher im Mittelpunkt steht. Sie können das Buch aber auch als Künstlerroman lesen, weil Grenouille eine Art Künstler ist: Er komponiert Düfte, so wie ein Musiker Melodien komponiert. Auch als historischer Roman funktioniert Süskinds Werk: als Darstellung der historischen Wirklichkeit um die Mitte des 18. Jahrhunderts in Frankreich. […]

In der Literaturwissenschaft spricht man in diesem Zusammenhang von „mehrfacher Kodierung". Der Roman entspricht mehreren Modellen des Erzählens zugleich – es kommt auf den Leser an, aus welcher Perspektive er die Geschichte wahrnehmen will, weil der Text mehrere Angebote macht. Zusammen mit der Popularität und der Intertextualität sehe ich hierin die wichtigsten Merkmale eines postmodernen Romans.

Arbeitsanregungen

1. Drei Merkmale postmoderner Literatur hebt Meier hervor: Popularität, Intertextualität, Mehrfachkodierung. Erläutern Sie diese Merkmale in eigenen Worten.
2. Meier benennt Beispiele für Intertextualität aus Süskinds Roman „Das Parfum", deutet diese aber nicht. Arbeiten Sie heraus, was der Bezug zum biblischen Schöpfungsbericht (1. Mose 1,1–2,4 a) und die Erzählung von der Sintflut (1. Mose 7) zur Charakterisierung von Grenouille beiträgt. Falls Ihnen die Bezugstexte aus der Bibel nicht geläufig sind, ziehen Sie diese zu Rate.
3. „Wenn man die Zitate erkennt, dann macht das Spaß – wenn man sie aber nicht bemerkt, dann macht das auch nichts." (Z. 128 ff.) Diskutieren Sie diese These Meiers vor dem Hintergrund ihrer eigenen Erfahrungen mit den Texten von Stamm (► S. 91 ff.), Kehlmann (► S. 96) und Süskind.
4. Erörtern Sie mit Hilfe der von Meier formulierten Kriterien, inwiefern Peter Stamms Roman „Agnes" ein postmoderner Roman ist.

2 „Remix“ – Popliteratur

Im Mittelpunkt von Texten der vor allem in den 1990er-Jahren erfolgreichen so genannten Popliteratur stehen immer wieder das Spiel und die Auseinandersetzung mit Formen und Zeichen der populären Kultur. Im Fall des Autors Benjamin von Stuckrad-Barre (*1975) wird dieser Bezug meist schon in den Titeln seiner Bücher offensichtlich: „Soloalbum“ heißt der Erzähltext, mit dem Stuckrad-Barre 1998 sein Debüt als Romanautor gab. Ein Band mit Kurzprosa, der 1999 erschien, trägt den Titel „Remix“. Er vereint Reportagen, Porträts, Kurzgeschichten und Glossen, die zum Teil vorher bereits in Zeitungen und Magazinen veröffentlicht worden waren.

Arbeitsanregungen

1. Beschreiben Sie die Cover der beiden Bücher.
2. Stellen Sie aufgrund der Covergestaltung und des Titels „Soloalbum“ Vermutungen dazu an, worum es in dem Roman geht.
3. a) Informieren Sie sich darüber, was man in der Musik unter einem Remix versteht.
   b) Erläutern Sie, welche Rückschlüsse sich aus der Covergestaltung und dem Titel „Remix“ hinsichtlich des Selbstverständnisses und der Arbeitsweise von Stuckrad-Barre ergeben.

Benjamin von Stuckrad-Barre

Soloalbum (1998)

Der Ich-Erzähler, knapp über 20 Jahre alt, trauert seiner Ex-Freundin Katharina hinterher und startet im Verlauf des Romans verschiedene Versuche, sie zurückzugewinnen. In dem folgenden Auszug ist der Ich-Erzähler zu Gast bei Isabell, einer Freundin, die in einer Wohngemeinschaft lebt. Die zitierten Songtitel stammen von der britischen Rockband „Oasis“, der Lieblingsband des Ich-Erzählers.

Dann lege ich mich ein bisschen in Isabells Zimmer und gucke MTV. Da läuft „Don’t Look Back in Anger“. Als die Single in Deutschland rauskam, war schon Schluss mit Katharina. Da aber das Album ja schon lange raus war, hatten wir natürlich schon Sex mit diesem Lied oder besser: Sex ZU diesem Lied. Aber das Lied ist so fantastisch, dass man auch Sex MIT dem Lied haben kann. Am Ende des Videos sitzt Noel[1] mit roter Lennon-Brille hinten in einem Auto, und da muss man dann schon mal gerührt die Hände zum Gebet verschränken, wenn das Auto wegfährt. Ich gehe wieder zu den anderen.

Sie bemalen gerade die Balustrade mit einem irrsinnigen Spruch. Mensch, werden sie denken, Mensch, sind wir wild und frei und unkonventionell. Ich schätze mal, sie alle lieben Janosch. Und mit lauter bunten Pinseln platschen sie nun „Träume nicht Dein Leben – lebe Deinen Traum“ an die Wand. Das finden sie total romantisch. Sie singen das Pippi Langstrumpf-Lied. Ich singe ein bisschen „Married With Children“:

I hate the way that even though you
Know you’re wrong you say you’re right
I hate the books you read and all your friends
Your music’s shite it keeps me up all night

There’s no need for you to say you’re sorry
Goodbye I’m going home
I don’t care no more so don’t you worry
Goodbye I’m going home

So wird’s gemacht.

1 **Noel Gallagher (*1967):** Kopf der Rockband „Oasis“

Benjamin von Stuckrad-Barre

Ironie (1999)

Andere werden langsam wahnsinnig, ich schnell. Meine Nachbarin bereitete mit ihren Freunden eine Demonstration vor, das hatten sie schon lange nicht mehr gemacht. [...] Sie wollten gegen die Ironie demonstrieren, und das war nur allzu gut verständlich, die Ironie würde uns noch umbringen. Inzwischen war ja jedermann ironisch, man bekam, ob beim Bäcker, in Zeitungen, im Fernsehen, in der Werbung, auf Anrufbeantwortern, in Einladungen, Regierungserklärungen, Postkarten oder in den Charts, überhaupt nur noch ironische Auskünfte. [...] Sie saßen auf dem Wohnzimmerboden und bemalten Transparente. Ich ging mir ein altes T-Shirt anziehen, um mitmalen zu können.

Ganz unten im Schrank liegt die Ironiekleidung. [...] Eine Zeitlang trugen viele meiner Freunde T-Shirts mit Firmenlogos drauf. Das schon sollte ironisch sein. Noch mal doppelt ironisch waren dann die Witz-T-Shirt-Verkäufer, die aus Jägermeister „Ravermeister“ machten, aus Aral „Anal“, aus Lego „Ego“. Etwa zeitgleich mit der H&M-isierung dieser Shirts wurde eine Weile lang sogar Energie darauf verwandt, selbst die Ablehnung gegenüber diesen fürchterlichen Witzshirts noch zu differenzieren: Es wurde weitaus schlimmer gefunden, ANAL auf der Brust stehen zu haben als NIVEAU statt Nivea. Andere verbrachten viele Nächte mit Auskünften und Überlegungen darüber, BIS WANN genau Original-Firmen-Logo-Shirts in Ordnung waren und ab wann genau warum nicht mehr. Es gab eine hervorragende Band, die auf der Bühne diese Shirts trug, und für die einen bedeutete dies das Ende der Tragbarkeit bei gleichzeitiger Coolnesswahrung, für viele andere war das erst der Schlüsselreiz, sie auch zu tragen. Wer nun altklug entgegnet, man könne solche Debatten ja ohne Weiteres ignorieren, der möge doch so freundlich sein und einen Tanzschuppen oder eine Bierschänke aufsuchen und sich dort wohlfühlen, davor und dabei und danach aber KEINE SEKUNDE darüber nachzudenken, was er anhat. Einer der coolsten Männer der Weltgeschichte hat ja einst auch nicht irgendein zerschnittenes T-Shirt getragen, sondern genau das, das die anderen unzerschnitten trugen. Was man auch tut, es gerät zum Statement. Im Fall eines T-Shirts bis zu neunmal ironisch gebrochen. [...]

Nicht mal die Bestätigung der Richtigkeit des eigenen Tuns durch Elternvorwürfe gab es noch, die Eltern fanden das ALLES in Ordnung. Im Geschichtsunterricht hatte man uns ungläubig Staunenden von Eltern erzählt, die ihren Kindern früher die zerpunkten Jeans angeblich wieder zugenäht hätten. Unsere Eltern aber kamen immer schneller hinterher, und es war keine Musik mehr denkbar, die ÜBERHAUPT NICHT werbespotkompatibel war.

Ein gutes Beispiel sind auch Tennissocken. Tennissocken sind fürchterlich, keine Frage, aber ist nicht das zwangsverordnete Drüberlachen noch schlimmer? Und dann tragen also Leute wieder Tennissocken, aus Protest, und das ist vielleicht zu verstehen, aber ja auch so krank, weil sie damit also, nur der Abgrenzung wegen, schlimme Socken tragen. Und dann nicht einfach still diese Socken dünnlaufen, sondern tatsächlich ERKLÄREN, warum sie die tragen, um sich zumindest, oh ja, INHALTLICH zu unterscheiden von jenen, die diese Socken nicht schon wieder, sondern immer noch tragen. Irgendwie muss man die Neuzeit ja rumkriegen. [...]

Es ist eine einzige Verrenkung. Wie schnell die Smashhits zum Witz gerinnen! Unten in der mietpreismindernden Kneipe lärmte gerade eine lokale Band, die ihr Treiben „Postgrunge“ nannte, und so leid es uns tat, wir mussten uns wirklich kaputtlachen darüber. Aber sie meinten es natürlich ernst. Noch nie war es so leicht möglich, so unterschiedliche Musik zu mögen, zu kaufen, zu vergessen. Der Kauf einer Platte taugte nicht mehr zum Unterschlupf und zur Lebenskonzeptprothese, stellte zugleich auch kein Risiko mehr dar. [...] Es fehlt ein Kanon, sagen die einen, dabei bestand doch alles Tun in nichts anderem als dem Zusammentragen und Abgleichen. Allgemeinverbindlichkeit ist ein Witz oder Sozialismus oder ein gelbes Stofftier, das durch einen Jeansspot cruist zu einem wirklich famosen Stück Musik. [...] „Sehnsucht nach Fremdbestimmung und Deckelung, perfekter Nährboden für eine Diktatur“, analysierte meine Nachbarin, und ich schaute aus dem Fenster, um nicht durch ihren Blick Gewissheit darüber zu erlangen, ob sie auch das wieder postirgendwie meinte.

Arbeitsanregungen

1. Erläutern Sie, welche Bedeutung bzw. Funktion die Musik für den Ich-Erzähler in „Soloalbum“ hat.
2. a) Die in dem Band „Remix“ abgedruckte Erzählung „Ironie“ nennt in ihrem Titel eine rhetorische Figur. Erstellen Sie in Gruppenarbeit eine Definition des Begriffs „Ironie“ und führen Sie eigene Beispiele an.
   b) Analysieren Sie die Argumentationsstruktur des Textes anhand folgender Fragen:
   - Wie stellt der Text das Verhältnis zwischen dem Stil- und Abgrenzungswillen des Einzelnen und den Trends eines massentauglichen Mode- oder Musikgeschmacks dar?
   - In welches Dilemma geraten Versuche, sich durch das Mittel der Ironie den herrschenden Modetrends zu widersetzen (Beispiel: Tennissocken)?
   - Welche Sehnsucht drückt sich in der im Text anklingenden Forderung nach einem „Ende der Ironie“ aus? Ist dieser Forderung ernst oder ihrerseits ironisch gemeint?

   c) Wenden Sie Ihre Analyseergebnisse auf die Wirklichkeitserfahrung des Ich-Erzählers in „Soloalbum“ an.
3. Stellen Sie sich vor, Sie stehen in der Fußgängerzone einer Großstadt und beobachten Ihre Altersgenossen. Verfassen Sie darüber einen popliterarischen Text, der die Bedeutung von Musik und Mode für das Lebensgefühl heutiger Jugendlicher zum Ausdruck bringt.

Dirk Frank

Was ist Popliteratur? (2003)

Trotz der Definitionsprobleme sollte man sich auf einen kleinsten gemeinsamen Nenner popliterarischer Texte einigen: formale Eingängigkeit, d.h. die Verwendung von einfachen Prosa- und Lyrikformen, von Umgangs- oder Szenesprache; inhaltlich ein [...] bejahendes Verhältnis zur zunehmend medial geprägten Alltagswelt jugendlicher und jung gebliebener Menschen. Die Popliteraten suchen ihr Material, ihre Themen und Schreibanlässe dort, wo die Hochliteratur, die sich traditionell dem Unergründeten, Unbeschriebenen und Authentischen widmet, die Inszenierung, den Hype, die Oberfläche vermutet. Popliteratur wendet sich der Oberfläche zu, ohne dabei selber oberflächlich sein zu wollen. [...] Wirkt das Dargestellte auf den ersten Blick auch vertraut, so handelt es sich dennoch um medial gebrochene Wirklichkeitsmomente. Es sind also keineswegs naive oder unschuldige Blicke auf die eigene Lebenswelt. Die Autoren streben nicht nach einer Authentizität, die man durch völligen Verzicht auf vorgefertigte Bilder und Vertextungsverfahren erzielt. Als vergleichsweise „langsames“ Medium überlässt die Popliteratur den schnelleren audiovisuellen Medien den intensiveren und *sinnlicheren* Wirklichkeitsbezug. Sie zieht sich auf ihre Stärken zurück, nämlich die flüchtigen Momente eines Konzerts oder des Diskobesuchs aus der Sekundärbeobachtung heraus zu *reflektieren*. [...]

In thematischer Hinsicht lässt sich dagegen eine gewisse Heterogenität, wenn nicht gar Widersprüchlichkeit konstatieren, die mit zunehmender gesellschaftlicher Akzeptanz von Popkultur noch an Schärfe gewonnen hat: In den Poptexten wird Jugendlichkeit und Vitalität zelebriert, man entzieht sich zugleich aber den gesellschaftlich akzeptierten Vorstellungen einer kritisch-aufmüpfigen Jugendlichkeit; man protestiert gegen den Zweckrationalismus und Materialismus der Etablierten, schwelgt aber zugleich in Fantasien eines grenzenlosen Konsums. Man formuliert oder deklariert den richtigen Mode- und Lebensstil, reagiert allerdings auch allergisch auf die Ausschlussprinzipien einer dem Zeitgeist hinterherhechelnden Oberflächenwelt. Man postuliert originelle und unentdeckte Sicht- und Lebensweisen, führt zugleich aber den Originalitäts- und Authentizitätsanspruch hochkultureller Exponenten ad absurdum.

Arbeitsanregungen

1. Erläutern Sie die von Frank genannten Merkmale der Popliteratur knapp in eigenen Worten.
2. Zeigen Sie mit Hilfe der von Frank formulierten Kriterien auf, inwiefern die Texte von Christian Kracht (▸ S. 57 ff.) und Benjamin von Stuckrad-Barre Popliteratur sind.

3 Projektvorschlag: Ein Popliteratur-Buch verfassen

Sie haben sich in dem vorangegangenen Kapitel mit der Popliteratur beschäftigt. Deren Themen und Erzählweisen wurden anhand verschiedener Texte analysiert, der Schreibstil der Popliteraten in einer Gestaltungsaufgabe praktisch erprobt. Auf dieser Basis können Sie zusammen mit den anderen Teilnehmern Ihres Kurses ein Popliteratur-Buch verfassen.

Literarisches Projekt **Popliteratur**

Das Projekt ist als Gruppenarbeit angelegt. Es kann in fünf Schritten realisiert werden:

1. Schritt: Mögliche Schreibanlässe sammeln
Legen Sie gemeinsam verschiedene Schreibanlässe fest, von denen Sie denken, dass sie besonders inspirierend sind. Denkbar wäre z. B.
- literarische Texte zu bestimmten Songs zu verfassen,
- sich von einem CD-Cover inspirieren zu lassen,
- zu einzelnen, besonders begehrten Markenartikeln ein Gedicht zu schreiben,
- zu bestimmten Kultobjekten eine Geschichte zu erzählen.

2. Schritt: Zu den verschiedenen Schreibanlässen Texte produzieren
Entscheiden Sie sich jeweils einzeln für einen dieser Schreibanlässe und verfassen Sie zu ihm einen Text, der in inhaltlicher und formaler Hinsicht Merkmale der Popliteratur aufweist. Wo es sich anbietet, kann der Text auch mit Illustrationen (z. B. selbst gemachten Fotos) versehen werden.

3. Schritt: Die Texte überarbeiten
Bilden Sie zu jedem Schreibanlass ein Team. Diese Teams sichten alle Schreibprodukte, die zu dem jeweiligen Schreibanlass verfasst wurden, und überarbeiten sie unter folgenden Gesichtspunkten:
- sprachliche Richtigkeit (Orthografie, Grammatik, Ausdruck),
- Stimmigkeit des Gesamtaufbaus,
- Gestaltung von Einzelaspekten (z. B. Figur(en), Handlung, Zeit, Ort).

Falls die Teammitglieder größere Eingriffe für notwendig erachten (z. B. Ergänzung von Handlungssträngen, genauere Personenbeschreibungen), geben Sie den Text mit möglichst konkreten Veränderungsvorschlägen an den Verfasser/die Verfasserin zurück. Dieser/Diese sollte dann den Text in Ruhe überarbeiten können.

4. Schritt: Das Buch herstellen
Teilen Sie den Teams im nächsten Schritt neue Aufgaben zu, z. B.:
- die Texte in den Computer tippen und/oder layouten,
- das Titelblatt und den Einband des Buches gestalten,
- ein Inhaltsverzeichnis erstellen,
- eine Seite schreiben, auf der die Autorinnen und Autoren kurz vorgestellt werden,
- möglicherweise Druckkostenzuschüsse beim Förderverein der Schule oder anderen Sponsoren erbitten,
- die fertigen Texte und Bilder ausdrucken, kopieren und heften.

5. Schritt: Das Buch präsentieren
Organisieren Sie an Ihrer Schule einen popliterarischen Abend, bei dem Sie das Buch einem größeren Leserkreis vorstellen. Einzelne Texte des Buches könnten im Rahmen dieser Veranstaltung vorgetragen werden. Vielleicht legt ein DJ zu den Texten passende Musik auf.

Textquellenverzeichnis

Berg, Sibylle: Hauptsache weit, S. 46, aus: Thomas Kopfermann/Jens Kapitzky (Hg.): Erfahrene Erfindungen: Deutschsprachige Kurzgeschichten seit 1989. Klett, Leipzig 2004, S. 11–12
Borchert, Wolfgang: Das Holz für morgen, S. 44 f., aus: Ders.: Die traurigen Geranien und andere Geschichten aus dem Nachlass. Rowohlt, Reinbek bei Hamburg 1967
Diez, Georg: Christian Kracht – Faserland, S. 61, aus: Frankfurter Allgemeine Zeitung, 17.03.2002, S. 26
Frank, Dirk: Was ist Popliteratur?, S. 101, aus: Ders. (Hg): Popliteratur. Arbeitstexte für den Unterricht. Reclam, Stuttgart 2003, S. 6–9
Erpenbeck, Jenny: Haare, S. 77 f., aus: Dies.: Tand. Eichborn, Frankfurt/M. 2001, S. 63–66
Goethe, Johann Wolfgang von: Ein Gleiches, S. 96, aus: Goethes Werke. Hamburger Ausgabe. Hg. von Erich Trunz. Beck Verlag, München 1981, Bd. 1, S. 142
Grass, Günter: Katz und Maus, S. 13 ff., aus: Ders.: Katz und Maus. dtv, München 1996, S. 5 ff., 9 f., 163 ff.
Hein, Christoph: Von allem Anfang an, S. 31 f., aus: Ders.: Von allem Anfang an. Suhrkamp, Frankfurt/M. 2002, S. 185–189
Hensel, Jana: Zonenkinder, S. 40 f., aus: Dies.: Zonenkinder. Rowohlt, Reinbek bei Hamburg 2004, S. 40 f., 60 f., 63 f.
Hermann, Judith: Sommerhaus, später, S. 51 ff., aus: Dies.: Sommerhaus, später – Erzählungen. Fischer, Frankfurt/M. 1998, S. 139–143, 144–153, 153–156
Honecker, Erich: Die Mauer ..., S. 24, aus: Rede im Rahmen der Tagung des Thomas-Müntzer-Komitees der DDR am 19.1.1989 in Berlin. In: Märkische Volksstimme, 20.1.1989
Hurrelmann, Klaus: Lebenssituation und Wertorientierungen der jungen Generation. Ergebnisse der 15. Shell-Jugendstudie, S. 42 f., aus: http://www.uni-bielefeld.de/gesundhw/ag4/downloads/shell15.pdf (22.2.2011), S. 4 ff.
Jenny, Zoë: Das Blütenstaubzimmer, S. 69 f., aus: Dies.: Das Blütenstaubzimmer. Frankfurter Verlagsanstalt, Frankfurt/M. 1997, S. 5, 15 ff., 54 ff.
Kant, Hermann: Die Aula, S. 25–28, aus: Ders.: Die Aula. Aufbau Verlag, Berlin 2008, S. 349–355
Kehlmann, Daniel: Die Vermessung der Welt, S. 96, aus: Ders.: Die Vermessung der Welt. Rowohlt, Reinbek bei Hamburg 2005, S. 127 f.
Kracht, Christian: Faserland, S. 57 ff., aus: Ders.: Faserland. Kiepenheuer & Witsch, Köln 1995, S. 15 ff., 34 f., 110 ff., 160 ff.
Kunze, Reiner: Die wunderbaren Jahre, S. 29 f., aus: Ders.: Die wunderbaren Jahre. Fischer, Frankfurt/M. 2005, S. 14, 16, 29 f., 37 f., 98 f.
– Ders.: Die Mauer, S. 38, aus: Ders.: ein tag auf dieser erde. gedichte. Fischer, Frankfurt/M. 1998, S. 60
Meckel, Christoph: Suchbild. Über meinen Vater, S. 18 ff., aus: Ders.: Suchbild. Über meinen Vater. Fischer, Frankfurt/M. 2005, S. 7, 58 f., 63–66, 117 ff.
Meier, Albert: Was ist postmoderne Literatur?, S. 97 f., aus: http://home.hufs.ac.kr/~germanistik/ez2000/system/db/notice/upload/194 (22.2.2011)
Noll, Dieter: Die Abenteuer des Werner Holt, S. 10 ff., aus: Ders.: Die Abenteuer des Werner Holt. Aufbau Verlag, Berlin 2009, S. 368 f., 375, 505–508
Özdamar, Emine Sevgi: Die Brücke vom Goldenen Horn, S. 80 ff., aus: Dies.: Die Brücke vom Goldenen Horn. Kiepenheuer & Witsch, Köln 2008, S. 11, 26 f., 111 ff.
Puhdys: Geh zu ihr, S. 54, aus: http://www.puhdys.com/php-programme/alben/index.php?mode=4&titleid=8 (23.2.2011)
Rennert, Jürgen: Mein Land ist mir zerfallen, S. 38, aus: http://www.rennert.de/public/seite-15.htm (7.2.2011)
Rinser, Luise: Die rote Katze, S. 4–7, aus: Dies.: Die rote Katze – Erzählungen. Fischer, Frankfurt/M. 1981, S. 96–104
SAID: In Deutschland leben, S. 82 ff., aus: Ders.: In Deutschland leben. Ein Gespräch mit Wieland Freund C. H. Beck, München 2004, S. 18 ff., 22 f., 25 ff.
Satrapi, Marjane: Persepolis. Band 2: Jugendjahre, S. 80, aus: Dies.: Persepolis. Band 2: Jugendjahre. Verlag Carl Ueberreuter, Wien 2006, S. 6, 10, 12–13
Schwerdtfeger, Malin: Mein erster Achttausender, S. 71–74, aus: Dies.: Leichte Mädchen. Kiepenheuer & Witsch, Köln 2001, S. 9–16
Stamm, Peter: Am Eisweiher, S. 48 f., aus: Ders.: Blitzeis. btb, Goldmann, München 2001, S. 9–13
– Ders.: Agnes, S. 91 ff., aus: Ders.: Agnes. Arche Verlag, Zürich–Hamburg 1998, S. 9–12, 54–57, 68 f.
Strauß, Botho: Mädchen mit Zierkamm, S. 75 f., aus: Ders.: Niemand anders. dtv, München 1990, S. 9–13
Stuckrad-Barre, Benjamin von: Soloalbum, S. 99, aus: Ders.: Soloalbum. Kiepenheuer & Witsch, Köln 1998, S. 34 f.
– Ders.: Ironie. S. 100, aus: Ders.: Remix. Texte 1996–1999. Kiepenheuer & Witsch, Köln 1999, S. 84 ff., 88 ff.
Tellkamp, Uwe: Der Turm, S. 33 ff., aus: Ders.: Der Turm. Suhrkamp, Frankfurt/M. 2008, S. 195–200
Timm, Uwe: Am Beispiel meines Bruders, S. 7 ff., aus: Ders.: Am Beispiel meines Bruders. dtv, München 2007, S. 7–10, 88 ff., 102 f.
– Ders.: Johannisnacht, S. 39 f., aus: Ders.: Johannisnacht. Kiepenheuer & Witsch, Köln 1996, S. 48–52
Vanderbeke, Birgit: Das Muschelessen, S. 67 f., aus: Dies.: Das Muschelessen. Fischer, Frankfurt/M. 2008, S. 21–25
Weiss, Peter: Abschied von den Eltern, S. 63 f., aus: Ders.: Abschied von den Eltern. Suhrkamp, Frankfurt/M. 1964, S. 55–58
Wiese, Heike: Kiezdeutsch – ein neuer Dialekt, S. 88 f., aus: Aus Politik und Zeitgeschichte. Beilage zur Wochenzeitung „Das Parlament“. 8/2010, 22.2.2010, S. 33–36, 38
Wondratschek, Wolf: Über die Schwierigkeiten, ein Sohn seiner Eltern zu bleiben, S. 65 f., aus: Ders.: Früher begann der Tag mit einer Schusswunde. Hanser, München 1969, S. 79–82
Zaimoglu, Feridun: Kanak Sprak, S. 85 f., aus: Ders.: Kanak Sprak. Misstöne vom Rande der Gesellschaft. Rotbuch Verlag, Berlin 2010, S. 92–96

Unbekannte/ungenannte Autoren/Autorinnen:

S. **87**: Kontakthäufigkeit mit Deutschen bei Menschen mit Migrationshintergrund (in Prozent), nach: Bundesamt für Migration und Flüchtlinge (Hg.): Muslimisches Leben in Deutschland. Im Auftrag der Deutschen Islam Konferenz. Forschungsbericht 6. Nürnberg 2009, S. 265, 269, 270, 272
S. **87**: Verbundenheit von Menschen mit Migrationshintergrund mit Deutschland und ihrem Herkunftsland im Vergleich (in Prozent), aus: Bundesamt für Migration und Flüchtlinge (Hg.): Muslimisches Leben in Deutschland. Im Auftrag der Deutschen Islam Konferenz. Forschungsbericht 6. Nürnberg 2009, S. 299
S. **42**: Wertorientierung – Wichtigkeit für die Lebensgestaltung, aus: Deutsche Shell (Hg.): Jugend 2006. Eine pragmatische Generation unter Druck. 15. Shell-Jugendstudie. Fischer, Frankfurt/M. 2006, S. 177
S. **42**: Wie bzw. wo man (oft oder gelegentlich) aktiv ist, aus: Deutsche Shell (Hg.): Jugend 2006. Eine pragmatische Generation unter Druck. 15. Shell-Jugendstudie. Fischer, Frankfurt/M. 2006, S. 126

Bildquellenverzeichnis

S. **3** links: © ullstein bild/SZ Photo; S. **3** rechts oben, unten: © ullstein bild – dpa; S. **4**: Illustration vom Cover: Luise Rinser, Die rote Katze; © Fischer Taschenbuch Verlag, Frankfurt/M.; S. **6**: © Stiftung Haus der Geschichte der Bundesrepublik Deutschland, Bonn; S. **7**: © ullstein bild/von der Becke; S. **11**: © DEFA Stiftung, Berlin; S. **13**: © Steidl Verlag/Günter Grass; S. **15**: © Transit Film, München; S. **18** links: © Cover: Fischer Taschenbuch Verlag, Frankfurt/M.; S. **18** rechts: © Coverabbildung: Privatbesitz des Autors, Umschlagkonzept: Balks & Brumshagen; © Kiepenheuer & Witsch, Köln; S. **20**: © Peter Peitsch/peitschphoto.com; S. **23** oben links: © ullstein bild – Pijorr/CARO; S. **23** oben rechts: © ullstein bild/Gisbert Paech; S. **23** Mitte links: © Ostkreuz/Harald Hauswald; S. **23** Mitte rechts: © ullstein bild – Messerschmidt; S. **23** unten links: © ullstein bild – ddrbildarchiv.de; S. **23** unten rechts: © Ostkreuz/Thomas Meyer; S. **24**: © akg-images; S. **26**: © Bundesarchiv, Koblenz; S. **27**: akg-images/© VG Bild-Kunst, Bonn 2011; S. **29**: Fischer Taschenbuch Verlag, Frankfurt/M.; S. **31**: picture alliance/© ZB/Arno Burgi; S. **33**: akg-images/© VG Bild-Kunst, Bonn/akg-images/Udo Hesse; S. **37**: © Dominique de Riva, Berlin, Berne; S. **40**: © Frank Wegner, Berlin; S. **46**: © Picture Press; S. **48**: picture alliance/© dpa/Erwin Elsner; S. **51**: © Peter Peitsch/peitschphoto.com; S. **54**: picture alliance/© jazzarchiv/Hardy Schiffler; S. **57**: © Siegfried Kuttig; S. **60**: © Julian Baumann, München; S. **61**: © Jens Neumann, Berlin; S. **62** oben links: © vario images; S. **62** oben rechts: © Westend61; S. **62** Mitte links: Doc Stock/Tetra Images; S. **62** Mitte rechts: © Arco Images/Rudolf; S. **62** unten links: © Peter Frischmuth/argus; S. **62** unten rechts: Andreas Buck; S. **63**: Städtische Kunstsammlungen Darmstadt; S. **65**: picture alliance/© Erwin Elsner; S. **67** © Fischer-Taschenbuch-Verlag, Frankfurt/Main; S. **71** picture alliance/© dpa/May; S. **75**: © ullstein-bild – Will; S. **78**: akg-images; S. **79**: Zeichnungen aus: Marjane Satrapi, Persepolis Jugendjahre, © Verlag Carl Ueberreuter, Wien 2006; S. **80**: © ullstein bild – Hilde; S. **82**: © Peter Peitsch/peitschphoto.com; S. **85**: links © Caro/Kruppa; S. **85**: rechts oben © visions photos/R. Klostermeier; S. **85**: rechts unten © Caro/Dobiey; S. **90** links: © akg-images/Hervé Chamolion; S. **90** rechts: picture alliance/© Rainer Hackenberg; S. **92**: Umschlaggestaltung: Design Team München; Umschlagmotiv: Georges Seurat, Ein sommernachmittag auf der Insel Grand Jatte. btb Verlag, in der Verlagsgruppe Random House; S. **94**: ARTOTHEK/Joseph S. Martin/ARTOTHEK; S. **96**: bpk/Stiftung Preußischer Kulturbesitz/SPSG; S. **99** links: Umschlaggestaltung: Philipp Starke, Hamburg; Umschlagfoto: Andreas Wiess, Hamburg, © Kiepenheuer & Witsch, Köln 2005; S. **99** rechts: Umschlaggestaltung: Judith Grubinger, Berlin; © Kiepenheuer & Witsch, Köln 2004

Nicht in allen Fällen war es möglich, den Rechteinhaber der Abbildungen bzw. der Texte ausfindig zu machen. Berechtigte Ansprüche werden im Rahmen der üblichen Vereinbarungen abgegolten.

Redaktion: Christian Köpcke, Hamburg
Bildrecherche: Gabi Sprickerhof
Layout und technische Umsetzung: Ralf Franz, CMS Berlin

www.cornelsen.de

1. Auflage, 1. Druck 2011

Alle Drucke dieser Auflage sind inhaltlich unverändert und können im Unterricht nebeneinander verwendet werden.

Druck: Mohn Media Mohndruck, Gütersloh

ISBN: 978-3-464-60960-6

Inhalt gedruckt auf säurefreiem Papier aus nachhaltiger Forstwirtschaft.